许华 著

再见甲午

人民出版社

值此中日甲午战争一百三十周年之际，谨以本书：

敬献给当年为国家和民族血洒疆场的甲午英烈与先贤！

奉献给今天依然关注甲午悲剧和国家未来命运的人们！

刘公岛北洋海军英烈名录墙

目录

前　言

面对虎视眈眈的西方列强和凶悍东来的坚船利炮，闭关禁海四百余年的大清王朝，是在封建专制统治的病榻上依然酣睡不醒，还是慢慢睁开双眼看世界？梦醒之际，等待他们的是一场前所未有的灭顶之灾，难道这是一个在劫难逃的历史悲剧？

庚申之变创痛巨深，当大清王朝终于决定向西方购买一近代化的海军舰队后，遭遇了英国人怎样的瞒骗戏弄？向来软弱的清廷能否挺起腰杆捍卫自己的权利？洋务运动和海防大讨论中，人们是否清醒地认识到国防形势的严峻？最危险的敌人又是谁？

第七章　山东半岛的寒冬

面对战场上的接连失败，大清王朝期望与日本进行和谈，两度赴日的使者经历怎样的尴尬境遇？日军大本营修改作战计划，转兵山东半岛，孤寄于威海卫军港的北洋舰队将面临怎样的形势？这支庞大的舰队还能挺得过甲午年的寒冬吗？

第八章　全军覆灭的舰队

在山东半岛东端荣成湾登陆的日本陆军部队，迅速抄袭威海卫军港的陆上后路，日本海军从海上封堵、进攻驻泊在刘公岛的北洋舰队。在四面楚歌外援无望的绝境里，中国海军将士们进行了怎样的最后一搏？丁汝昌如何有令不遵走向了自杀末路？

甲午战争120周年海上祭奠仪式

前言

　　本书作者受邀参加了海军舰艇编队于 2014 年 8 月 27 日在黄海某海域举行的甲午战争 120 周年海上祭奠仪式。同一时刻，万里海疆军港内的所有舰艇齐声鸣笛，祭奠在甲午战争中为国捐躯的北洋海军将士。

近代中日两国都是在西方列强坚船利炮的攻击或威胁下，被迫对外开放门户的。两国有远见的思想家和政治家，都从一开始就认识到近代海军对于维护国家主权的重要性。从19世纪60年代起，两国相继开始创建新型近代化海军，并互以对方为假设敌，开展了一场旷日持久的军备竞赛，至1894年中日甲午战争达到高潮，最后以中国签订全面失败的《马关条约》而告终结。

一百多年前，世界最伟大的海军战略理论家阿尔弗雷德·塞耶·马汉将军（曾两度出任美国海军学院院长，后出任美国历史学会会长和美国海军事务委员会主席）对世界战争史做了大量深入研究，用理性思维总结出海权理论。他高度概括地指出："海权包括凭借海洋或通过海洋能够使一个民族成为伟大民族的一切东西"。我认为，正是海权这柄无情的时代利剑，通过这场以海军制胜为显著特征的甲午战争，决定了近代中日两国不同的民族命运。

一百多年前的甲午之败，实为近代中国历史的悲剧和耻辱。毋庸讳言的是，一百多年前的这场历史悲剧浸透了无数中国人的鲜血。这其中有回族总兵左宝贵战死于异国的鲜血，有海军壮士邓世昌为国捐躯的鲜血，有旅顺口同胞惨遭野蛮屠戮的鲜血，也有舰队统帅丁汝昌和海军战将刘步蟾等人自杀殉国的鲜血，当然还应该包括风烛残年的七旬老人李鸿章在日本马关被刺杀的鲜血。重新审视被这些鲜血所浸透的悲剧和耻辱，依然可使今天的国人产生强烈的心灵震撼。前事不忘，后事之师；历史的悲剧和耻辱，绝不允许再度重演！我想，这才是我们在一百多年后的今天，回顾和反思甲午历史悲剧的全部意义之所在。

历史学家兼海军战略理论家马汉将军曾经指出："忠实的历史为你提供历史的整体全貌；假如你能认真地运用历史，你便能从中受到影响并获得教益。假如你预先便握有业经阐明的原理所给你的这盏明灯，当你探讨历史时你便具有能够对其所提供的情况做出正确评价的能力"。我想通过本书有限的篇幅，简要而精准地回溯一百多年前甲午战争的历史过程，并尽力试图从中探寻出铸成这场历史悲剧的军事、政治、经济、文化等方面的深层原因。至少，我认为本书应该、也可以为人们提供一个反思这场历史悲剧的"蓝色视角"。

在此需要说明的是，平时作为历史类书籍的一名普通读者，我也非常不喜欢阅读那些冷冰冰枯燥乏味的纯学术著作。无论是什么内容的图书，都应该争取有更多的人愿意读完它并有所感悟。所以我力图避免把本书写成一部纯学术著作，而是力求使它做到文字表述简洁流畅，历史脉络清晰完整，剖析评论富于严谨与理性兼备的学术含金量，并使读者能够轻松阅读。本书使用的全部引文资料，都有准确可靠的出处。我之所以没有在书中不厌其烦地将它们在每个页码下方一一对应罗列标注出来，就是为了避免纯学术著作所必备的这类引文注释过多耗用本书宝贵的篇幅，也是意欲"以人（读者）为本"，为处于快节奏工作生活中的当代读者提供一个快速顺畅阅读的"读境"。

在海量资讯及传播手段空前发达和思想文化交流日益便捷的信息时代，必须承认自己的精力、视野和学识水平都非常有限，因此我对甲午战争历史的考察和解读，肯定存在着这样或那样的疏漏、偏颇甚至失当之处，我非常诚恳地期待各界读者朋友予以批评指正！因为我深知"大隐隐于市"，民间多高人。我认为只有更多的人士一起展开平等的交流和理性的探讨，才能更好地从诸多方面探究出铸成甲午历史悲剧的一个个"命门"；我们才能在未来的年代里，确保永远杜绝这一历史悲剧的再度重演！

在甲午之年来临之际，我应邀频频往返于海军司令部和三军最高学府国防大学等单位，忙于多个甲午战争题材重大任务，并再度奔赴包括英雄邓世昌壮烈牺牲海域大鹿岛在内的甲午战场。在实地考察甲午战场和凭吊甲午英烈的同时，以沉重的心情将我多年来对甲午战争的回顾与反思凝聚成这本精练的《再见甲午》，忆昔思今，内心未免还是感到有某种压抑，总觉得还有很多想说的话只能是哽噎在喉，一时难以尽述。

　　再见了，甲午！虽然岁月流转，我们还会与甲午年重新相遇，但甲午历史悲剧一定不会重演！

许华

2014 年 1 月 27 日于京西八一湖畔

第一章

西方列强纷至沓来

"人类对海洋的兴趣以及国家对海洋的兴趣，几乎全是对运输即贸易的兴趣。海上商业在任何时代都最能致富。"

——美国海军学院战略学教授威廉·耐策尔

"谁控制了海洋，谁就控制了贸易；谁控制了世界贸易，谁就控制了世界的财富，最后也就控制了世界本身。"

——英国爵士沃尔特·雷利

第一节 酣睡不醒的东方巨人

以炎黄为始祖的华夏民族,自久远的上古年代起,就世代繁衍生息在欧亚大陆板块的东端。源远流长的黄河、温和湿润的气候、肥美丰腴的土壤和丰饶富足的物产构成优越的自然条件,使华夏民族创造出至今仍享誉世界的灿烂文明。

通常世人往往瞩目于中国古老的黄色黄河文明,但事实上从上古时代起,中华民族就向浩瀚的海洋迈出勇敢探索的脚步,在蔚蓝色的海洋文明中谱写下了不朽的历史篇章。

辽阔无际的神州大地,濒临太平洋西海岸,拥有18000多公里的漫长海岸线和6000多座星罗棋布的大小岛屿,我们的祖先在久远的年轮里,就与大海结下了难以割舍的不解之缘。记载中国上古时代典章文献的《尚书》中"四海会同""环九州为四海""江汉朝宗于海"等记述文字,就明确反映出华夏先民们对大海最初始的朴素认识;而《尔雅》中"物产富饶为陆海"的论断,则表明我们的祖先早在遥远的上古时代，就非常客观而敏锐地认识到，海洋与大陆是一个有机结合的统一体。

考古发现的大量材料充分证明，早在久远的上古时代，华夏民族就生活在涛声不绝于耳的大海之滨。《史记·皇帝本纪》里记载了我们民族的始祖轩辕皇帝曾"东至于海"。《周易》中所述"伏羲氏刳木为舟，剡木为楫，舟楫之利，以济不通，致远于天下"，则反映出我们的祖先对利用海洋的高度理性认识。在浙江余姚河姆渡出土的木桨和舟山群岛出土的大量陶器，不仅证实了六七千年前就已出现了舟楫，而且表明我们的祖先早在五千年前，就往返于大陆和舟山群岛。同样能够证明远古时代海上交通情形的大量实物，也被发现于辽东半岛和黄河沿岸的多个文化遗存之中。上述典籍所载的文字材料和南北海滨出土的丰富实物，无一不向世人表明，我们华夏民族是世界上最早走向海洋和最早经略海洋的伟大民族之一。在数千年的古代历史上，对蓝色海洋文明的不懈探求，成为我们中华民族延续不断的一大文化传统。它经过历朝历代的不断发展，在 15 世纪上半叶达到最为辉煌的历史顶点。

1368 年，元王朝的残暴统治被元末农民起义军彻底推翻。以朱元璋为首的大明王朝封建统治者采取一系列有力措施，使社会经济得到较好恢复和进一步繁荣。1402 年继位登基的明成祖永乐皇帝朱棣继续大力推行开放"锐意通四夷"的对外国策，一心要在有生之年努力构建成一种前所未有的天下太平、万国咸宾的隆盛之世。从 1405 年至 1433 年，郑和作为永乐皇帝的特别使臣——下西洋总兵正使，率领着一支庞大的船队，以"自强不息，协和万邦"的精神，先后七次扬帆远涉重洋，访问了东南亚、印度洋、红海及非洲东海岸马达加斯加等 37 个国家和地区，在人类迈向海洋的庄严史诗中谱写下一曲空前辉煌的交响乐章。

在"洪涛接天，巨浪如山"的汪洋大海上，由数万人和百余艘船只组成的郑和远航船队，向世人展示了一幅"云帆高张，昼夜星驰，涉彼狂澜，若履通衢"的壮丽画卷。这幅慑人心魄的壮丽画卷，不仅充溢着中华民族勇于探索海洋征服海洋的顽强不息精神，而且饱含着闪耀中华民族聪明才智的、堪称当时世界之最的高超航海技术和杰出航海能力。郑和船队中最大的宝船排水量达14800吨，可载重7000吨，有9桅12帆，行驶在万顷碧波中蔚为壮观。1414年郑和船队第4次出航就横跨印度洋，是世界上有史籍记载的首次跨大洋航行，比意大利航海探险家克里斯托弗·哥伦布的大西洋之行早了78年。当时绘制使用的《郑和航海图》，不仅是我国最早的不依赖航路说明而能独立指导航海的地图，也是世界上现存最早的一部航海图集。郑和船队采用的"罗盘定向"和"牵星过洋"等航海技术，更是开创了人类天文导航之先河，居世界领先地位。

郑和七下西洋之伟大壮举，是世界地理大发现的先导，具有远远超出航海范畴的广泛而深远的重大历史意义。有一位曾在牛津大学长期致力于海洋历史文化研究的威廉姆斯先生，用其兼政治家（特立尼达和多巴哥共和国总理）与历史学家（牛津大学博士）于一身的独特眼光，对中国人的航海历史作过这样一段评论："要是郑和的远洋事业能够继续下去，进而到达美洲大陆，其影响所及，会把世界历史推进到一个新的方向。"

但威廉姆斯先生的评论毕竟只是一种推理和假设。不幸的事实是：中国的郑和没有成为哥伦布，甚至"郑和之后竟无第二个郑和"。这是为什么呢？郑和并非没有哥伦布的素质和机遇，也并非没有成就哥伦布航海业绩的时势，而是中国的封建统治阶级不具备创造一个新时代所应必备的海权意识。

更为不幸者在于，中国从明朝开始，出现了一个与世界性的走向海洋的时代大潮完全相反的逆向运动——禁海。

　　明朝初年，中国沿海地区开始受到倭寇的严重袭扰，由山东半岛逐次向南方蔓延，直至江苏、浙江、福建和广东等广大地区，所

　　　　　　郑和宝船队七下西洋的壮举，成为有史籍记载的人类首次跨大洋航行。据英国著名历史学家李约瑟博士估计，当时中国拥有的全部船舶应不少于3800艘，超过当时欧洲船舶的总和。

到之处烧杀掳掠，无恶不作。为此，自明太祖朱元璋开始，就屡屡发布禁海令。禁海令的初衷是禁止内地商贾出海勾结倭寇从事海盗贸易，以免危及沿海地区的社会安定，并保证国家的财富不致外流。但是，此项举措严重束缚了中国人民面向海洋发展的本真活力和进

取精神，无异于因噎废食，必然导致国家僵化、停滞、远离世事而痛失文明交流的严重恶果，完全与其良好的初衷相背离。

特别需要指出的是，朱元璋开创了一个锁国禁海的历史先河，他所建成的海防体系则具有双重功能：在海防原有的保卫国家安全的功能之外，新增加上一个捍卫国家禁海令并阻止民间海上贸易的功能，其基本核心是"守"与"防"。这说明，中国的海防从一开始就不是海权意识的产物，而是没有积极开拓进取精神的闭关自守国策的结果。从本质上说，它是中国封建的自给自足小农经济的产物，是重农轻商和重陆轻海传统思想的产物。

明朝中期以后，中国的海禁达到登峰造极的地步，以至"片板不许入海"。嘉靖年间（1522年—1566年）明世宗朱厚熜下令："一切违禁大船，尽数毁之""沿海军民，私与贼市，其邻舍不举者连坐"。明朝的水师，越来越专注于执行中央政府的禁海政策，这不啻是将发展海权的支柱变成了遏制海权意识和束缚海权发展的桎梏。在此期间，虽有少数文臣武将提出一些重视海洋和海权的积极建议，但此时的整个中央王朝最高封建统治集团已开始处于昏昧麻木的状态，对此不予理解和重视。而就在中国致力于紧闭门户的禁海之际，西方殖民主义者则开始掀起了空前浩大的海外拓殖浪潮，并开始叩击古老中国的国门。1514年，葡萄牙舰队首先闯入广州湾东莞县附近的屯门岛，后获准租用澳门用于"居住"。随后，西班牙、荷兰和英国的船队更是络绎东来。

大清王朝立国以后，颁布了与明王朝相同的"寸板不得下海"的禁海令，继之又颁布迁海令，强令福建、广东、江苏和浙江等地的沿海居民内迁50里，越界者立斩不赦。1717年，清政府再次实行严厉的禁海政策，停止与南洋原本规模甚微的贸易。1793年，英国政府派遣全权特使乔治·马嘎尔尼到达中国天津，请求在舟山和广州等地开港，并通市天津，结果被乾隆皇帝"逐条指驳"而断然拒绝。

自 19 世纪开始，封建专制统治下的中国与欧美资本主义各国的实力差距已逐步拉得很大。但对外部世界一无所知的清朝封建统治者却对此毫无感觉。他们夜郎自大，故步自封，满以为"普天之下，莫非王土，率土之滨，莫非王臣"，天真地认为中国是整个世界的核心。1793 年，乾隆皇帝在致信英国国王乔治三世时竟说："天朝物产丰盈，无所不有，原不藉外夷货物以通有无"。而早在 1816 年，嘉庆皇帝与大臣孙玉庭有过这样一段天真得可笑的对话：

嘉庆皇帝问："英国是否富强？"

孙玉庭答："彼国在西洋诸国中称大，故是强国。至于富，是由于中国富，彼国才富，富不如中国。"

嘉庆皇帝问："何以见得？"

孙玉庭答："英国从中国买

1793 年夏天，英国特使乔治·马嘎尔尼率团抵达天津，成为西方第一个派至中国的正式使节，此次来访无果而终。半个世纪后，清政府不得不与英国签订丧权辱国的《南京条约》。英国使团想得到而没有得到东西，英国军队用坚船利炮都得到了。

进茶叶，再转手卖给其他小国，这不说明彼富是借了中国的光吗？如果我国禁止茶叶出洋，那么英国就会穷得没法过日子。"

甚至连后来因禁绝鸦片而闻名世界的林则徐这样一位很有见识的清廷大员，在与洋人直接打交道之前也曾幼稚地认为："我中原数万里版舆，百产丰盈，并不藉资夷货，如中国闭关绝市，恐尔各国生计，从此休矣！"

悲哉！五千年的文明古国，四百余年的闭关禁海，竟然蒙昧至于如此地步。对西方世界在此四百年间究竟发生了什么样翻天覆地的巨变，竟是这样的一概不知，全然不晓。站在19世纪历史大门槛上的中国，就是这样处于昏庸腐朽、愚昧无知而又妄自尊大的清王朝封建专制统治之下。这个硕大无朋的东方巨人，还沉醉在昔日辉煌文明的炫目光环之下，在封建专制统治的病榻上酣然安眠，长睡不醒，纵任时光从自己的身边悄然流逝，而对于已默然降临身旁的一场前所未有的灭顶之灾竟然毫无察觉。它必将受到历史的无情惩罚！

第二节　凶悍东来的坚船利炮

　　自 16 世纪起，世界已开始迈步踏上了一个崭新的历史发展旅程。坐落于大西洋波涛之中的英伦三岛成为这一历史新时代的"弄潮儿"：因为新大陆的发现和环球新航路的开辟成功，国际贸易中心从地中海被推到大西洋，从而使处于世界航道要冲的英国摇身一变，在世界经济舞台上占据了举足轻重的位置。

　　经济与海外贸易的兴起，不久就引发了上层建筑领域的"大地震"。17 世纪 40 年代，英国率先爆发了具有世界影响的资产阶级革命，为资本主义经济的发展扫清了主要障碍。到 18 世纪初，经历大动荡的英国政局相对稳定下来，逐步确立了君主立宪政体、两党制和国会内阁制，稳固了资产阶级和新贵族的联合政权，为资本主义的工业革命奠定了十分有利的政治基础。

　　登上政治舞台的资产阶级和新贵族，立即将手中新掌握的权柄化为发展资本主义经济的强力杠杆，大举推行一系列促进资本主义工业、商业和航运业发展的政策，从而使英伦三岛又一次独领时代之风骚，成为世界上第一个进行资本主义工业革命的国家。机械师约翰·凯伊发明机械梭（1733 年）；纺织工人詹姆斯·哈格里夫斯发明"珍妮机"（1765 年）；教具制作员詹姆斯·瓦特发明连动式蒸汽机（1782 年）；理发师理查德·阿克莱特发明水力纺纱机（1785 年）；这一项项发明，使各行各业的生产效率获得几何级数的倍增。

19 世纪 30 至 40 年代，英国完成了这场历经八十年的资本主义工业革命。这场工业革命，由普普通通的能工巧匠及他们充满智慧的发明成果构成，是人类历史上一次极为深刻的重大革命，对整个人类社会的生产力发展和生产关系、社会关系等的变革，都起了当时人们难以预料的深刻而深远的重大影响。这场工业革命，极大地推动了社会生产力的飞速发展，为资本主义制度的最终确立奠定了坚不可摧的物质基础。马克思和恩格斯在《共产党宣言》里对这场革命作出了这样的高度评价："资产阶级在它的不到一百年的阶级统治中所创造的生产力，比过去一切世代创造的全部生产力还要多，还要大。"

资本主义工业革命的丰硕成果，使机械化生产在英伦三岛工业中占据统治地位，并使英国成为"世界工厂"，进而在世界工业生产和国际贸易中占据了强劲的垄断地位。1820 年，英国在世界工业总产值中的份额竟占有 50% 之巨。工业革命的巨大成就，庄严宣告蒸蒸日上的资本主义制度已不可逆转地取代了日益衰朽没落的封建专制制度。从英国萌生的这一全新的生产方式，对于促进欧洲大陆和世界其他地区的社会变革，均产生了重大影响；工业革命的先进科技成果以种种方式和不同途径传播到世界各地，有力地推动了世界各国经济社会的发展。法兰西、美利坚等国的资产阶级也纷纷登上各国的政治大舞台，导演出各自不尽相同的工业革命历史大剧目。于是，逐渐形成了以英国为世界头号强国和以法国、美国等为二流列强的世界政治经济新格局。

在大举进行工业革命的同时，为开拓和争夺广阔的世界销售市场和廉价的工业原料产地，以英国为首要代表的西方资本主义列强，还将贪婪而凶残的目光投向了遥远的海外世界。从17世纪50年代至18世纪60年代，英国人凭借强大的海军舰队先后打败葡萄牙、西班牙、荷兰及法国，成为称雄一时的"海上霸主"。1835年，英国以年产900万枚纱锭、102万吨铁和3000万吨煤的雄厚经济实力做后盾，成为全球无以匹敌的最强盛的政治、经济和军事的超级大国（而此时中国清朝统治者还认为一旦离开中国的茶叶，"英国会穷得没法过日子"），英国皇家海军的炮舰在世界每一条重要航道上都留下了泛着白色细浪的航迹，并在遥距英伦三岛的大洋彼岸建立了一片又一片的广阔殖民领地。而法国和荷兰等二流列强也不甘示弱，纷纷越过大洋，争相建立各自的殖民领地。

与工业革命给西方各国带来的社会繁荣兴盛景象形成鲜明对比的是，19世纪的中国大地从北到南是一片凋零和衰败。"日之将夕，悲风骤起"，成为时人对当时中国社会情形的生动概括。大清王朝的衰败，表现在社会生活的每一个领域。整个政权统治机构因循守旧，毫无生气；皇室骄奢淫逸，豪门挥金如土，官场贪污腐化，地主官吏巧取豪夺；土地兼并愈演愈烈，苛捐杂税日甚一日，人民负担日益加剧，阶级矛盾不断激化。在以满洲贵族为首的满、蒙、汉贵族和大地主的压迫与盘剥之下，各族群众难以为生，苦不堪言，被迫揭竿起义，掀起武装反抗清王朝封建专制统治的斗争浪潮。而在上层建筑领域，大清王朝则采取怀柔与高压并用的手段，实行严厉的文化专制政策，一方面竭力宣扬忠、孝、仁、义的孔孟之道，倡行以"三纲五常"为核心的程朱理学；另一方面又大兴"文字狱"，对那些略有不满情绪或对时政稍作讥评，甚至完全无辜的知识分子，大肆进行屠戮株连的残酷迫害。本来理应担负引导整个民族前进方向的知识分子群体，头脑被禁锢，言论受钳制，从而使整个社会与整个民族都处在一种死气沉沉的暮色哀景之中。

但就是这样一个毫无生机的中国，却被西方资本主义列强视为一处必欲攫取侵占的宝地。早在13世纪，一部《马可·波罗游记》就将中国的繁华盛景传达给西方世界。18世纪的第一个元旦，法国王室举办化装舞会，参加者竟不约而同地化装成中国人，以显示自己拥有高雅的品位。1794年，英国政府全权特使乔治·马嘎尔尼从中国带回一本绘有假山和石景的园林风光画册，英国人欣赏备至，富有之士争相在自家的庭院里堆砌假山石景；一时间，用中国山水和花鸟图案装饰建筑物成为欧洲的时尚之一。中国的丝绸、茶叶、大黄，成为西方各国最昂贵的消费品。

西方新兴的资本主义列强有着无止境的对外侵略扩张的殖民本性；以雄厚经济实力为后盾的军事力量特别是海军舰队成为西方列强进行海外侵略扩张的有力工具；美丽富饶的辽阔中华大地早已是西方列强垂涎三尺的一大目标。这三项因素，业已注定中华民族将在此时面临一场前所未有的灾祸，可谓在劫难逃。

而早在西方列强的远征大军侵入中国之前，有一种特殊的物品早已充当了侵略中国的尖兵，这就是令人深恶痛绝的毒品鸦片。

西方列强在资本主义发展之初，需要获得大量的原始积累，于是出于本国经济发展而对外进行掠夺日渐成为常态；而此时恰逢大清王朝的国势开始转入衰落。英国人对中国丝绸、茶叶和大黄的昂贵消费，使得英国国库的白银锐减。为攫取中国的白银即实现对中英贸易逆差的逆转，精明的英国人选择了鸦片这一特殊的物品。

　　英国东印度公司创立于1600年，
最初的正式全名是"伦敦商人在东印度
贸易的公司"。1600年12月31日，
英国女王伊丽莎白一世授予该公司皇家
特许状，给予它在印度贸易的特权。图
为该公司堆积如山的鸦片仓库。

自 19 世纪初，西方列强就开始大量向中国输入鸦片，以此获取暴利，攫取中国的巨额财富。到 19 世纪 30 年代，严重的鸦片烟毒已大肆猖行于中国大地。据不完全统计，1835 年全中国吸食鸦片者达 200 万人以上。鸦片的泛滥给中国人民和中国社会带来无尽的灾难，也给大清王朝的封建专制统治造成严重的现实危机。

1838 年，以湖广总督林则徐为代表的一些军政重臣纷纷力主禁绝鸦片。林则徐大声疾呼："若犹泄泄视之，是使数十年后，中原几无可以御敌之兵，且无可以充饷之银。兴思及此，能无股栗！"不久，林则徐被道光皇帝任命为钦差大臣，南赴广东全权实施禁烟。

1839 年 3 月 18 日，林则徐在广州正式发布禁烟谕帖；6 月 3 日至 25 日，林则徐将收缴到的 237 万多斤鸦片在虎门海滩当众销毁。中国方面的禁烟行动，惹怒了以英国为代表的西方列强，他们决心诉诸武力。

中国传统水师的旧式战船已经无法抗击英国侵华远征舰队的坚船利炮。

其实，英国殖民主义者的武装侵华野心由来已久。1835年7月，奉命在中国沿海地区进行实地侦察航行的英国大鸦片贩子就向英国政府提交报告，指出只需要出动一支小规模的海军舰队，就足以制服中国的大清政府。该报告甚至还对这支海军舰队的具体编成、兵力规模、集结地域和行动季节等细节内容都作了周密的筹谋。1839年10月1日，英国内阁会议决定，派一支海军舰队前往遥远的中国海域，发动侵华战争。次年4月，英国国会下议院通过发动侵华战争的议案。6月下旬，英国侵华远征舰队驶抵中国广东海域，随后发动了侵略中国的鸦片战争。

在接下来的两年时间里，英军的舰队从广东北犯至天津，最后又攻打到长江下游的南京城下，于1842年8月29日迫使清政府谈判代表在炮口下接受了众人皆知的丧权辱国的《南京条约》，中国社会亦由此开始踏上一条沦为半殖民地的泥泞道路。

1841年2月，清军在广东虎门地区抗击英国侵略军，
广东水师提督关天培英勇督战壮烈殉国。

第三节 睁眼向洋看世界

在鸦片战争中，以30余艘舰船和不足万人组成的英国远征军，远涉重洋侵犯中国，使拥有近百万常备军的中国军队一触即溃。清朝政府从全国范围内调兵遣将，动用了一切可以动用的武器装备，但在历时两年的战争和绵延千万里的战线上，竟然没有打过一场胜仗，没能守住一处重要阵地，最后落得一个割地赔款的战败结局。这一严酷的现实，使中国朝野上下，均受到前所未有的强烈震动，并迫使封建统治阶级中一部分有识之士，开始睁开双眼，用客观冷静的目光，仔细审视周围早已变得陌生的外部世界，进而去思考国家和民族的前途与命运。在这一批"睁开双眼看世界"的有识之士中，林则徐和魏源是杰出的代表人物。他们通过各种方式和不同渠道，尽力了解西方各国的情况。

林则徐堪称为清朝高级官员中"睁眼向洋看世界"的第一人。出于抗击侵略的需要，刚刚抵达广东的林则徐就多方搜集西洋情报，

前往广东禁烟的钦差大臣林则徐，是清朝高级官员中"睁眼向洋看世界"的第一人。"海纳百川，有容乃大；壁立千仞，无欲则刚"，此联为林则徐任湖广总督时在总督府衙题书的堂联。

组织力量翻译西文书报，亲自主持编译了介绍世界地理知识的《四洲志》。以钦差大臣身份受命"节制广东水师"的林则徐还投身海防事务的实践当中。他盛赞广东水师提督关天培利用虎门诸炮台构建三重防线的防守方案，认为"炮台回环并恃，排链堵截綦严，用壮声威，足消窥伺"。林则徐在大力支持关天培购置新炮增建炮台的同时，也在战争中领略到西方坚船利炮的厉害。他特别重视学习和引进西方军事技术及装备，曾将购买的一艘1020吨的商船"剑桥"号改装成战舰当作假想敌舰，组织水师"演习攻首越尾中舱之法"。他还亲临狮子洋海域，校阅水师官兵演炮、火攻、爬桅、跳帮，亲自布置在海上进行袭击敌船的战斗。在战争中，林则徐提出了"弃大洋、守内河"，"以战为守"的海防战略，出发点是正视武器装备上的敌强我弱，企图扬长避短。

鸦片战争的实践让林则徐看到了仅用海岸炮台对付机动性很强的海军舰队的局限性。他指出："剿夷而不谋船炮水军，是自取败也"，由此认为"水中无剿御之人，战胜之具"是战事失败的原因，提出必须改进船炮"出洋剿办"才是海防的长远之策，想努力构建"有船有炮，水军主之，往来海中，追奔逐北，彼能往者，我亦能往"的海防态势。林则徐甚至筹划建立一支由150艘西式舰船组成

100卷的世界地理历史知识综合性图书《海国图志》，作者为晚清时期的伟大启蒙思想家魏源。他在这部巨著中首次提出"师夷长技以制夷"的著名方略，在当时社会产生了振聋发聩的重大影响。

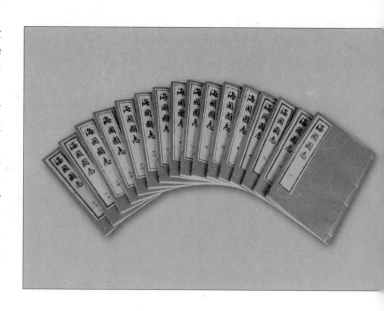

的具有独立指挥系统的海上武装力量。直至遭贬流放西北时，他还向道光皇帝进言希望"从此制炮必求极利，造船必求极坚"。林则徐在鸦片战争时期的海防理论与实践，尽管显得有些肤浅且未获成功，但这是中国近代海军海防建设事业的滥觞，不应被后世所遗忘。

而中国近代著名的思想家和历史学家魏源，早在《南京条约》签订之际，就感奋而作《圣武记》一书，最先提出了"以彼长技，御彼长技"的主张。他还在其专门记述鸦片战争始末的《道光洋艘征抚记》一书中，提出要"尽收外国之羽翼为中国之羽翼，尽转外国之长技为中国之长技"。后来接受好友林则徐的委托，魏源在《四洲志》的基础上编撰出100卷的伟大著作《海国图志》，介绍西洋各国的诸多情况，分析鸦片战争的失败教训，并在书中明确提出了一个革新中国武备以御外侮的著名方略——"师夷长技以制夷"，要以此来唤醒沉睡已久的中国，打破闭关锁国的保守状态，使中国在与西方列强的激烈角逐中立于不败之地。《海国图志》成为当时中国非常难得的一部思想启蒙著作，对近代中国社会诸多领域都产

魏源是中国近代史上最早明确提出向西方学习的人之一，也是林则徐的多年好友，他们在思想上互相影响相得益彰。

生了极其深刻而久远的重大影响。

　　面对强敌自海上入侵的严酷现实，在"师夷长技以制夷"的指导思想下，魏源大胆提出了建设海军海防的一系列主张，开中国近代海防思想之先河，成为近代中国杰出的海防启蒙思想家。魏源在书中谈论"师夷"问题时一针见血地指出："人知鸦片流毒，为中国三千年未有之祸，而不知水战火器为沿海数万里必当师之技"。在总结鸦片战争失败教训后，魏源认为抵御强敌入侵的上策是要"严修武备"，尤其要严修海上武备，因为入侵之敌主要来自海上。他从直观的认识出发，指出："夷之长技，一战舰，二火炮，三养兵练兵之法"，主张必须老老实实向拥有"坚船利炮"先进武器装备的西方各国学习，要"因其所长而用之，即因其所长而制之"。针对当时视西方先进科技为"奇技淫巧"的强大封建顽固保守势力，魏源冒着大逆不道的骂名，巧妙引证古代历史予以驳斥："古之圣人刳舟剡楫，以济不通，弦弧剡矢，以威天下，亦岂非型器之末？而睽涣取诸易象，射御登诸六艺，岂火轮火器不等于射御乎？指南制自周公，挈壶创自周礼，有用之物，即奇技而非淫巧。今西洋器械借风力、水力、火力，夺造化，通神明，无非竭耳目心思之力"。魏源还再三强调指出："善师四夷者，能制四夷；不善师外夷者，外夷制之。"

鉴于"海战全争上风，无战舰则有上风而不能乘"，魏源建议在广东虎门设办造船厂和火器局，专门建造军舰及武器装备。他还规划出创立中国近代海军的初步方案，要用250万两白银的国防经费来建成一支拥有110艘西式军舰和3万名官兵的海军力量，并聘请外国人来华传授西方先进的海军军事技术和训练方法，精习驾驶、

安设有60门大炮的英国侵华舰队旗舰"皋华丽"号，成为西方列强坚船利炮的象征。丧权辱国的中英《南京条约》就是在该舰上签订的。

攻击之术，努力达成"必使中国水师可以驶楼船于海外，可以战洋夷于海中"的有利海防态势。

特别值得注意的是，不愧为一代思想宗师的魏源还将目光投向了国家的经济与财政等领域，大胆倡议开发工商业以富国力，并主张集中财力训练精兵。他更强调尊重人才："国家之有人才，犹山川之有草木"，竭力倡议设立培养海军人才的考试制度，以培养大批人才作为建设强大海军力量的基础。魏源这些积极的思想主张，出现于当时闭关锁国的铁桶天下，实属难能可贵。这些思想对其身后出现的大办海军海防的热潮，产生了重大影响，并为近代中国的海军海防建设和近代军事工业建设做好了必要的思想理论准备。

在魏源《海国图志》问世的时代，还出现了林福祥的《平海心筹》、严如煜的《洋防辑要》、李光建的《海防新编》、桂文灿的《海防要览》和徐金镜的《海防事宜》等一批研究探讨海防问题的专门著作，给当时气息窒人的中国社会注入了一股清新的空气，一度形成一个"睁眼向洋看世界"和"师夷长技以制夷"的探索热潮。在此后数十年大清王朝苦心营办近代海军海防事业的曲折历程中，时时处处都显现着魏源等伟大启蒙思想家的思想踪影。

第二章
富国强兵的探求

"国土毗连海洋的国家，在巩固国家独立以及在发展经济和文化中，海军一贯起着重大作用。强大的海军是促使一些国家成为强国的诸因素之一。而且历史证明，没有海军的国家是不能长期占据强国地位的。"

——苏联海军总司令谢·格·戈尔什科夫元帅

第一节　买来的舰队挂洋旗

　　鸦片战争割地赔款的惨痛结局，虽然激起近代中国统治阶级中的一部分有识之士奋起探索海军海防问题，但并没有立即促成清朝政府迅速开始着手兴办海军海防事业。

　　1851 年，中国南方爆发声势浩大的太平天国农民起义。太平军组建水军部队，并在长江中下游屡建战功。湘军统帅曾国藩组建成一支 5000 人的湘军水师，而作战时却不甚得力，迫使清政府自 1856 年起，多次出钱雇请外国轮船协助湘军部队对太平军进行水面作战；但受雇的外国轮船有时拒绝服从湘军将领的调遣。这一情况使清朝统治者想起在鸦片战争中见到的西式坚船利炮的优长之处，在一定程度上又刺激了清政府组建一支精干水师的决心。于是在统治集团中出现了这样的呼声："东南贼氛蔓延，果能购买外洋船炮，剿贼必可得力，实于大局有益"，"购买外洋船炮，则为今日救时之第一要务。"

在太平天国农民起义未被平息之时，1856年至1860年，英国和法国联合出兵发动了侵略中国的第二次鸦片战争。英法联军又是从海上直扑渤海湾，在天津登陆后攻打北京，用一把大火焚毁驰名世界的圆明园，并再一次迫使清政府接受了屈辱的城下之盟。

英法联军在第二次鸦片战争中的胜利，再次显示出海军舰队实施海上机动作战的巨大优势；大清王朝统治阶级中有更多的成员看到了这一点。"庚申之变，创巨痛深"，面对列强又一次自海上入侵的成功，创建强大海军以御外侮，由此被列入清政府的重要议事日程。

但是，正如恩格斯指出的，"现代的军舰不仅是现代大工业的产物，而且同时还是现代大工业的缩影"。处于封建专制统治之下的中国没有大机器的工业，没有造舰制炮的技术和人才，要想获得急功近利的成果，唯一的办法就是向外国买舰。1861年，咸丰皇帝大板一拍，决定向西方购买一支近代化的海军舰队。

当时掌管中国海关大权的代理总税务司罗伯特·赫德（后于1863年11月起担任中国海关总税务司职务长达近半个世纪）首先获得了这一重要信息。这个心思缜密的英国人竭力向清朝政府官员介绍英国各类军舰的性能，怂恿中国政府从英国购买军舰。他建议说，"大船在内地不利行驶，若用小火轮船十余号，益以精利枪炮，其费用不过数十万两"，若中国自己一时不能熟练掌握驾驶技术，"可雇用外国人两三名，令其司舵、司炮"。他甚至连筹款问题都替中国政府想到了，提出可以采用洋药印票税的办法来解决。清政府根本就没有料到事情的复杂性，只好将购买军舰的重任交付给赫德。赫德于是南赴广州与两广总督崇厚商定，委托正在英国休假的中国海关总税务司英国人李泰国一手经办此事。

赫德在赴广州之前，留下一份采购枪炮船舰的清单，其中包括购买鸟铳 10000 支，车炮 30 尊，火箭炮 10 尊，手提枪 1000 支，洋刀 1000 把，火轮船 7 艘等，需银 81.5 万两；另雇募外国武官 1 名，士兵 100 名，船主 10 名，副船主 20 名，管轮 30 名，水手 200 名，需银 48 万两。两项合计需银共 129 万两。这个全然不是什么只需"数十万两"银子和只需"雇用外国人两三名"的购舰计划使清朝文武官员们惊愕不已。如此舰队，主权谁属？清朝政府当然不能同意这项计划。赫德只好做出让步，将雇员减少一半，提出另选湖南、山东和八旗三部分人员组成炮手、水手和水师兵以达到相互制约；而每艘军舰的管带（舰长）仍由英国人担任。清政府将赫德的这一方案交给湘军统帅曾国藩办理。曾国藩立即选派部将蔡国祥充任 7 船总统领，选派盛永清等 7 人"各领一船"，并申明待购入之轮船驶至安庆、汉口时，每船酌情留用洋人三四名，用以司舵司火，其余岗位全部起用湘勇。作为湘军和湘军水师的创始人，曾国藩此举固然有其扩充湘系实力的考虑，但其基本的着眼点还在于使"兵权仍操自中国，不致授人以柄。"

但是，胆大妄为的李泰国根本无视中国的主权。1861 年 6 月 16 日，李泰国向英国外交

英国北爱尔兰人罗伯特·赫德，作为晚清海关的外籍总税务司，他在其权势鼎盛时期不仅控制着清政府的财政命脉，而且直接影响中国内政外交乃至文化事业，对此得意地自诩为晚清政府的"太上顾问"。

大臣罗塞尔递交呈文，请求批准他为清政府在英国购买舰船和雇用官兵，"成立一支欧洲海军部队"，即"英中联合海军舰队"。他特别申明说："这支舰队不会在任何地方妨碍女王陛下政府，反而会使它在没有进行直接援助时，享有一切好处"。李泰国的呈文立即获得批准；英国海军部通知曾参加两次鸦片战争的皇家海军上校谢立德·阿思本来指挥这支舰队。

李泰国不仅为在英国购买的7艘军舰和1艘运输船聘请雇用了舰队司令官阿思本和全部水手，而且擅自代表清政府与阿思本上校签订合同13条，轮船水师章程27总目，以及雇用官兵水手合同8条。按照这些合同，中国政府必须任命阿思本上校统领这支舰队；由阿思本掌握这支舰队的指挥主权。他只需遵行由李泰国本人亲自传达的中国皇帝的旨意，并有权拒绝服从命令。这支舰队悬挂外国旗号，有关雇用外国水手之事，中国官员一律不得过问。

英国皇家海军上校谢立德·阿思本。

清朝政府在创办近代海军之初始，就品尝到了艰涩的滋味，中国人花大钱购买一支悬挂外国旗且中国人不能管辖的舰队，真是岂有此理！此时的清政府方才感到上了洋人狡黠险恶的一个大当，朝野舆论哗然一片。曾国藩指出：中国人购买的舰队必须完全归中国人指挥；否则就应不惜一切代价坚决遣散这支舰队。

不久，这支远驶来华的特殊舰队终于落得遣散的结局。这是两次鸦片战争之后的清朝政府第一次采用强硬的对外立场；同时也为此付出了 67 万两白银的代价。中国人打算买回这一支近代化舰队的初次尝试，就这样失败了。但巨额的学费并没有白白耗费，中国人由此充分领略了海权在握的西方列强的狼子野心，并使他们企图控制中国第一支近代化海军舰队的野心没能得逞；更为重要的是，此一事件也迫使中国人更加积极地去探求另一条兴办海军的道路。

30

悬挂洋旗的英国阿思本舰队在抵达中国不久后，就落得被遣散的结局，成为一场闹剧。

第二节　"师夷长技"的洋务运动

1862 年春，太平军在江浙地区与清军激战正酣。39 岁的道员李鸿章带着刚从安徽合肥老家招募来的 7000 名淮军兵勇，分乘 8 艘英国轮船由安徽安庆顺流驶抵上海。此次的长江航行，使李鸿章眼界大开，他在应邀参观了英法的军舰之后，深感外国军舰之坚固、大炮之精纯、子药之细巧、器械之神明，开始痛下决心要虚心忍辱学习西洋的长处。随后，他采购西式枪炮装备划拨给自己的淮军部队，果然使其作战能力大增。次年，李鸿章立即安排专人在上海筹办洋炮局。

1864 年 6 月 1 日，太平天国天王洪秀全在天京（今南京）病逝，清军剿灭太平军之大局已指日可待。第二天，由恭亲王奕訢领衔的总理各国事务衙门（简称"总理衙门"），向皇帝提交了一份奏折，强烈要求学习西方先进军事技术以图自强。这份奏折犹如一份宣言，在暮气沉重的北京城激起冲天反响。这份奏折郑重提出：

晚清洋务运动的主要倡导者恭亲王奕䜣是咸丰皇帝的弟弟，也是光绪皇帝的叔叔。他在复杂凶险的晚清政治旋涡里经历了几起几落的浮沉命运。

"查治国之道，在乎自强。而审时度势，则自强以练兵为要，练兵又以制器为先。自洋人构衅以来，至今数十年矣。迨咸丰年间，内患外侮一时并至，岂尽武臣之不善治兵矣。抑有制胜之兵，而无制胜之器，固不能所向无敌耳。臣等每于公余之际，反复筹维，洋人之向背，莫不以中国之强弱为衡。我能自强，可以彼此相安、潜慑其狡焉思逞之计。否则我无可恃，恐难保无轻我之心。设或一朝反复，诚非仓促所能筹画万全。今既知其取胜之资，即当穷其取胜之术，岂可偷安苟且，坐失机宜？"

这份奏折等于是向晚清最高统治者大声疾呼，切莫错过可贵的机遇而失去自强的前途。不但如此，在总理衙门的这份奏折的后面，还附呈有李鸿章写给总理衙门的一封信，其中数语，为当时大清王朝高级官员们所不敢想且更不敢言：

"鸿章窃以为天下事穷而变，变则通。中国士夫沉浸于章句小楷之积习，武夫悍卒又多粗蠢而不加细心，以致所用非所学，所学非所用。有事则嗤外国之利器为奇技淫巧，以为不必学；无事则惊外国之利器为变怪神奇，以为不能学，不知洋人视火器为身心性命之学者已数百年。鸿章以为中国欲自强，则莫如学习外国利器；欲学习外国利器，则莫如觅制器之器，师其法而不必尽用其人。欲觅制器之器与制器之人，则或专设一科取士。士终身悬以为富贵功名之鹄，则业可成、艺可精，而才亦然可集。"

从19世纪60年代初期开始萌发的这一场颇具声势和规模的学习西方的运动，被后世称为"洋务运动"。这场运动是在当时封建守旧势力的重重顽固环伺之下，紧锣密鼓地拉开了大幕。

1862年，曾国藩主持创设的安庆内军械所仿造的"黄鹄"号轮船下水。这艘轮船性能并不十分先进，但其从设计到建造，"全用汉人，未雇洋匠"，诚为可贵。同一年到达上海的李鸿章在参观了英、法两国的军舰之后说，"若驻上海而不能资取洋人之长技，咎悔多矣"。1865年，在李鸿章的主持下，江海关道丁日昌购买上海虹口美商开办的一家旗记铁厂，转而在此基础上创办了一家军工企业——江南机器制造局。不久，它便建造出可以航行于外海的轮船。此后，江南制造局的名字同中国近代海军海防事业紧密地联在一起。

在发展中国近代造船工业中功绩卓著的当属福州船政局。1866年，悉心于经世致用和研究外洋事务的闽浙总督左宗棠向朝廷提出："自海上用兵以来，泰西各国，火轮兵船直达天津，藩篱竟同虚设，星驰飙举，无足当之"，"而中国海船则日见其少，其仅存者船式粗笨，工料简率。海防师船尤名存实亡，无从检校，致泰国各国群起轻视之心，动辄寻衅逞强，靡所不至"，"若纵横海上，彼有轮船，我尚无之，形与无格，势与无禁，将若之何？"针对严峻的海上外患，左宗棠指出："欲防海之害而收其利，非整理水师不可；欲整理水师，非设局监造轮船不可"。他特别留心注意到，不仅西洋各国的舰船越造越精，而且中国的东邻日本也在开始仿造西式轮船，派人去英国学习造船技术，并为此断言，数年之后日本亦必有大成。左宗棠就此诘问道："彼此同以大海为利，彼有所挟，我独无之。譬犹渡河，人操舟而我结筏；譬犹使马，人跨骏而我骑驴，可乎？"

在左宗棠多次恳切请求下，清政府终于在 1866 年批准他创办福州船政局。这是中国近代海军海防事业第一个造舰育才大基地。福州船政局对近代中国海军海防大业的重要贡献，不仅在于其开创了近代中国的舰船建造工业；而且更在于它为近代中国海军培养造就出第一批优秀的人才。

力主创办福州船政的闽浙总督左宗棠。1875 年他在陕甘总督任上出任钦差大臣，督率西征大军经过数年征战，于 1877 年胜利收复新疆。1884 年，清政府在新疆设行省，加强了西北边疆地区的管辖和防务。

创设于福州闽江口内马尾的福州船政局，由造船厂和船政学堂两大部分组成。1869 年夏，刚刚开工仅一年的马尾造船厂就将其建造的第一艘轮船"万年清"号推下了船台。及至 1894 年中日甲午战争爆发前，福州船政局共建造出 34 艘舰船。

福州船政学堂由培养造舰军官的前学堂和培养

1872年建成下水的"扬武"号,排水量1560吨,配备10多门火炮,推进功率1130马力,另配有面积1822平方米的风帆,顺风时航速可达15节。该舰是福州船政局自行建造的第一艘近代化巡洋舰,服役后充任福建水师旗舰,后在1884年8月中法战争马尾海战中被击沉。

获准创办于 1866 年的福州船政局规模宏大，是
中国近代海军海防事业的第一个造舰育才大基地，
堪称为中国近代海军的"摇篮"。

海军指挥军官的后学堂组成，聘请西方海军教官分别用法语和英语授课，学制为四年。这所学堂作为中国近代史上第一所采用西方科学技术与方式训练海军军官的海军学校，为近代中国海军海防事业输送了第一批极为宝贵的专门人才，其中不少优秀毕业学员还被选送到西方先进国家的海军院校留学深造，后来成为近代中国海军的杰出将领和专业技术栋梁，著名的代表人物有后来北洋海军的总兵（相当于舰队副司令）刘步蟾和林泰曾，天津水师学堂总教官、教育家兼社会启蒙思想家严复，后来曾经出任清朝海军统制（海军总司令）、中华民国海军总长和代理国务总理的海军上将萨镇冰等。福州船政局及其旗下的船政学堂，毫无疑问地堪称为中国近代海军的重要摇篮。

然而，中国自行建造军舰发展海军的道路并不平坦。1872年，内阁大学士宋晋奏请朝廷停止自造军舰，理由主要是"糜费太重"，并由此引起一番争论。在李鸿章和左宗棠等人的力争之下，清朝政府否决了宋晋的意见，但"糜费太重"却依然是无法回避的客观事实。福州船政局初创时，左宗棠计划在五年之中，用300万两白银建造16艘舰船。但五年之后仅造出6艘舰，耗银已高达340万两。为解决经费之难和财源之缺，李鸿章于1872年倡办轮船招商局，他说："西洋富强之策，商务与船政，互为表里，以兵船之力卫商船，必先以商船之税养兵船"，因而"今倡办华轮，实为国体、商情、财政、兵力展拓之基局"。按今天的话来讲，李鸿章是在努力探索一条军民相融的海军发展道路，但仍是举步维艰。

由于生产力的低下和生产关系的落后，使"中国造船之银，倍于购船之价"，加之"拘于成法，牵于众议"，清朝统治集团内部思想并不统一，因此在这一期间海军海防事业的发展，是在泥泞不堪的沼泽地里艰难前行的。

第三节　日本侵台与海防大筹议

　　当中国近代海军海防事业在发展初期的举步维艰之际，发生了一件非同寻常的日本侵犯台湾事件，并由此在清朝统治集团内引发了一场规模空前的海防大讨论。

　　1871 年底，有琉球船只在海上遇风漂至台湾，部分获救的船员在台湾被当地土著居民处死。强行控制琉球的日本当局决心借此挑起侵略战争。1874 年 4 月 4 日，日本政府正式组建侵台机构"台湾都督府"。5 月 7 日，"台湾事务都督"西乡从道中将（后在甲午战争期间出任海军大臣，于 1898 年成为日本海军军人中的第一位海军元帅受封者）率数艘军舰在台湾南部的琅𫞩登陆，这是日本军队用武力侵犯中国领土的开端。

　　经过一番周折，此次日本侵台事件以和谈告终（中国向日本支付抚恤和"补偿"费 50 万两白银）而未开启中日战端，但它却在中国朝野上下引起强烈震动，并在客观上加速了近代中国海军海防

　　位于北京东堂子胡同 49 号的大学士赛尚阿宅邸，于 1862 年被改建为新成立的总理各国事务衙门，成为清政府办理洋务及外交事务的中央机构。后于 1901 年改名为外务部。

建设事业的前进步伐。

1874年11月5日，总理各国事务衙门呈递专门奏折，强调筹办海军海防的必要性和紧迫性，恭亲王奕訢在这份奏折中非常恳切地说：“窃查日本兵踞台湾番社之事，明知彼之理曲，而苦于我之备虚。虽累经奉旨严饬各疆臣实力筹备，则自问殊无把握。今日而始言备，诚病其已迟；今日再不修备，则更不堪设想矣。溯自庚申（按指1860年第二次鸦片战争）之衅，创巨痛深，当时姑事羁縻，在我可亟图振作。人人有自强之心，亦人人有自强之言，而迄今仍并无自强之实，从前情事，几于日久相忘。臣等承办各国事务，于练兵、裕饷、习机器、制轮船等议，屡经奏陈筹办，而歧于意见，致多阻格者有之；绌于经费，未能扩充者有之；初基已立，而无以继起久持者有之。同心少，异议多，局中之委曲，局外未能周知。切要之经营，移时视为恒情，以致敌警猝乘，仓皇无备。有鉴于前，不得不思毖于后。现在日本之寻衅生番，其患之已见者也。以一小国之不驯而备御已告无策，西洋各国之观变而动，患之濒见而未见者也。倘遇一朝之猝发，而弥救更何所凭。及今亟事绸缪，已属补苴之计；至此仍虚准备，更无求艾之期。惟有上下一心，内外一心，局中局外一心，自始至终，艰苦贞定，且历之永久一心，人人皆洞悉底蕴，力事讲求，为实在可以自立之计，为实在能御外患之计。庶几自强有实，而外侮潜消。”

这份奏折还正式提出了“练兵”“简器”“造船”“筹饷”“用人”“持久”等六项加强海军海防抗御海上外敌入侵的具体建议，并请求朝廷饬令中央机关和地方政府的高官们进行讨论。急事不能过夜！年轻的同治皇帝在接到总理各国事务衙门奏折的当天，就立即批示谕令军机处将这份奏折照单抄录下发，以供群臣“详细筹议”，要求沿海沿江各省督抚大员们“广益集思，务臻有济，不得以空言塞责"，限期在一个月内将各自的讨论意见上报朝廷。1875年2月，清廷又将讨论范围扩大到亲郡王、大学士、六部九卿。海军海防问题俨然登堂入殿，被摆上清朝政府的头等议事日程。

这次议事，是大清王朝第一次以群臣奏议讨论的方式，要集中军政重臣们的集体智慧来研究探讨如何解决国家安全防务问题，前后历经数月时间。在此期间，清廷内外的军政重臣们分别就国家安全和国防建设等重大议题，特别是针对日趋紧迫的海上防务问题，放胆阐发各自的观点并提出相应的对策。这就是中国近代史上非常著名的"海防大讨论"。海防与塞防的关系问题也是此次讨论的重大议题之一，因此有人称这是一次"国防大讨论"，也是不无道理。

1874年11月19日，前江苏巡抚丁日昌上呈《海洋水师章程》六条，建议设立北洋、东洋、南洋三支海军，分别负责直隶（今河北）与山东、江苏与浙江、福建与广东的海上防务。总理衙门再次上奏，获准将丁日昌的这份奏折向下转发给沿海沿江各省军政重臣一并讨论，于一个月内复奏意见。到年底时，沿海沿江各省督抚大员们的复奏陆续上报北京。他们在原则上都不否认海军海防系急迫必办之事，但由于思想认识水平不一以及派系集团利益各异，因此在筹办海军海防的一系列具体问题上，存在着明显分歧的意见。有人主张全力营办海军海防；有人主张全力加强西北地区的边塞防务；还有人则主张海防与塞防二者不可偏废。

在这场轰轰烈烈的海防大讨论中，已经身居直隶总督兼北洋大臣高位的李鸿章上呈的《筹议海防折》最令人瞩目，也最能反映出海军海防问题在当时的重要性和迫切性。在这篇洋洋长达万言的重要奏折中，他首先分析了严峻的国防形势：

"江海各口，门户洞开，已为我与敌人公共之地。无事则同居异心，猜嫌既属难免；有警则我虞尔诈，措置更不易周。值此时局，

北洋海军的缔造者和洋务运动的重要领袖，
直隶总督兼北洋通商大臣、文华殿大学士李鸿章，
与曾国藩、张之洞、左宗棠并称"中兴四大名臣"；
在外界，与德国首相俾斯麦、美国总统格兰特共
享"19世纪世界三大伟人"之誉。

似觉防无可防矣。惟交涉之事日繁，彼族恃强要挟，在在皆可生衅。
历代备边，多在西北。其强弱之势，客主之形，皆适相埒，且犹有
中外界限。今则东南海疆万余里，各国通商传教，来往自如，麇集
京师及各省腹地，阳托和好之名，阴怀吞噬之计，一国生事，数国
构煽，实为数千年未有之变局；轮船电报之速，瞬息千里；军器机
事之精，工力百倍。炮弹所到，无坚不摧；水陆关隘，不足限制，
又实为数千年未有之强敌！"

　　在分析了前所未有的严酷对外形势的同时，李鸿章还特别一针

见血地强调指出，处理国际关系的根本在于国家的实力："洋人论势不论理，彼以兵势相压，我第欲以笔舌胜之，此必不得之数也"。他还高屋建瓴地将海军海防问题提到社会发展的高度来认识："居今日而欲整顿海防，舍变法与用人，别无下手之方。"

特别需要指出的是，清朝上层统治集团中的相当一些成员，已透过这次日本侵台事件，开始察觉到日本将成为中华民族在近代史上最危险的敌人。著名的洋务派首领、军机大臣兼总理各国事务衙门大臣文祥（自1862年至1876年去世为止，一直在军机处和总理衙门位列第二）在12月6日的奏报意见中指出：

"目前所难缓者，惟防日本为尤亟。以时局论之，日本与闽浙一苇可航。倭人习惯食言，此番退兵，即无中变，不能保其必无后患。尤可虑者，彼国近年改变旧制，大失人心，叛藩乱民一旦崩溃，则我沿海各口岌岌堪虞。明季之倭患，可鉴前车。夫日本东洋一小国耳，新习西洋兵法，仅购铁甲船二只，竟敢藉端发难；而沈葆桢及沿海疆臣等金以铁甲船尚未购妥，不便与之决裂，是此次迁就了事，实以制备未齐之故。若再因循泄沓，而不亟求整顿，一旦变生，更形棘手。"

文祥这一远见卓识的论断，竟然是与李鸿章的意见不谋而合。李鸿章在此期间也指出："泰西虽强，尚在七万里以外；日本则近在户闼，伺我虚实，诚为中国永远大患。是铁甲船、水炮台等项诚不可不赶紧筹备"。丁日昌在次年也说："日本倾国之力购造数号铁甲船，技痒欲试，即使日本能受羁縻，而二三年内不南犯台湾，必将北图高丽。我若不亟谋自强，将一波未平一波又起。《诗》云：'未雨绸缪'，何况既阴既雨乎？"李鸿章后来在1881年1月10日对近些年来的海军海防建设意图做了这样的概括："日本狡焉思逞，更甚于西洋诸国，今之所以谋创水师不遗余力者，大半为制驭日本起见。"

　　这些情况足以表明，自 19 世纪 70 年代后期开始，中国近代海军海防的主要战略使命和主要假设敌是明确的——它就是日本。

第三章

构筑蓝色长城

"凡是只有陆军的统治者，只能算有一只手，惟有同时兼有海军者，才算双手俱全。"

——俄国沙皇彼得·阿列克谢耶维奇·罗曼诺夫

"正值海防吃紧之际，倘仍议而未成，历年空言竟成画饼，不特为外人所窃笑，且机会一失，中国永无购铁甲之日，即永无自强日！"

——直隶总督兼北洋大臣李鸿章

"朕以为在建国事务中，加强海防是一日也不可放松的事情。"

——日本明治天皇睦仁

第一节　惩前毖后大办海军

经过一番海防大讨论，领衔总理各国事务衙门的恭亲王奕訢等于 1875 年 5 月 30 日呈递上奏，将总理衙门前奏十六条，参酌诸议而提出具体办理意见：先在北洋创设一支海军，俟力渐充后就一化三，择要布防各处海口。

当天，朝廷就发布上谕指出："海防关系紧要，既为目前当务之急，又为国家久远之图，亟宜未雨绸缪，以为自强之计"。这份上谕还命令李鸿章和沈葆桢分别督办北洋和南洋海防事宜；并要求沿海沿江各省"督抚当事事和衷共济，不得稍分畛域。"

这一番架式，似乎是要大举兴办海军海防了。其实不然，大清王朝仍然不肯在海军海防建设方面投入充足而必要的经费。在这次海防大讨论确实使清政府提高了对海军海防问题的认识之后，李鸿章趁热打铁，建议朝廷出钱购买引领当时世界海军装备潮流的铁甲巨舰，以此进一步增强海上防务能力。他诚恳地指出历史时机的紧迫性：“正值海防吃紧之际，倘仍议而未成，历年空言竟成画饼，不特为外人所窃笑，且机会一失，中国永无购铁甲之日，即永无自强日！”

然而，李鸿章的坦诚直言并没能真正彻底说服清政府的最高决策层，朝廷仅是勉强批准其先试购一二艘战舰而已。就在朝廷对刚刚建成的福建、北洋、南洋和广东四支小规模海军舰队感到欣慰之际，在福建闽江下游的一阵炮火，却给了清政府重重的当头一击。

1883 年 8 月，法国军队攻占越南首都顺化，强迫越南政府签订《顺化条约》，将越南由中国清朝政府的藩属国改变为法国的“保护国”。此后，法国政府将侵略矛头直接指向中国，威逼清政府承认法国对越南的殖民占领，并要求与其签订不平等的商务协定和国境条约，遭到拒绝。同年 12 月，法国议会通过增拨 2900 万法郎军费和增派 1.5 万名远征军的提案，决意攻占越南北圻的山西和北宁，迫使清政府让步。12 月中旬，法国军队进攻应越南政府之请而驻扎在北圻地区的中国军队，正式挑起中法战争。战争随即相继在南部陆路战场（越南北圻地区为主）和中国东南沿海战场上展开。

1884 年 3 月，法军 1.2 万人采用正面佯攻、翼侧迂回突袭的战术，攻占由清军 85 个营 2.4 万余人驻防的北圻战略要地北宁，不久即控制整个红河三角洲地区。5 月 11 日，中法两国签订《中法简明条约》，清政府承认法国对越南的占领，同意将全部驻越清军撤回境内。此后，贪得无厌的法国政府命令法国海军远东舰队侵入中国东南沿海，准备直接进攻中国本土，企图“踞地为质”，迫使清政府向其支付战争赔款。

从 1884 年 7 月中旬开始，法军舰船就多次闯入福建闽江口内。22 日，法国政府明确电令海军中将孤拔指挥远东舰队消灭中国海军福建水师。翌日午后，早已集泊在闽江口内马尾港的法军舰队，向在其上游集泊的福建水师的舰船发起猛烈炮火攻击。被严令"不得首先开炮"的福建水师只得仓促应战，爱国官兵顽强拼战，奋勇还击。但中国军舰在尚未来得及起锚之际，就被法舰第一波次的炮火击沉2艘，重创多艘。激战约半小时之后，福建水师11艘船全部被击沉击毁，官兵死伤700余名；法军1舰未失，伤亡仅30余名。

清政府最早组建的整支福建海军舰队，就这样在短短半个小时之内就樯橹灰飞烟灭了。鲜血染红的闽江水，使清政府看到，即使

福建水师全军覆灭于马尾海战，晚清政府由此痛下决心："惩前毖后，自以大治水师为主！"

拥有近代化的海军舰队，但若力量不够强大，则依然不足以胜任海上战事和海疆防务。中法战争刚一结束，清政府就针对海上战场暴露出的严重问题，再次谕令军政重臣们对海军海防问题进行讨论。

这第二次进行的"海防大讨论"，很快就产生了明确的结果——血气方刚的光绪皇帝于1885年6月郑重颁布大举扩建海军的谕令：

"现在和局虽定，海防不可稍弛，亟宜切实筹办善后，为久远可恃之计。自海上有事以来，法国恃其船坚炮利，横行无忌。我之

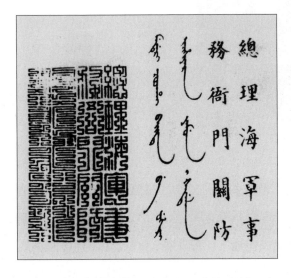

总理海军事务衙门的成立，宣告海军正式成为大清王朝军队的一大经制军种。图为总理海军事务衙门关防。

筹画备御，亦尝开立船厂，创立水师，而造船不坚，制器不备，选将不精，筹费不广。上年法人寻衅，迭次开仗，陆路各军屡获大胜，尚能张我军威；如果水师得力，互相援应，何至处处牵制。惩前毖后，自以大治水师为主！"

1885年10月，清政府在北京组建总理海军事务衙门（简称海

光绪皇帝的父亲奕譞（慈禧太后的妹夫）出任总理海军事务大臣，成为晚清海军事务的名义领导者。

军衙门）；醇亲王奕譞（光绪皇帝的父亲、慈禧太后的妹夫）被请出王府的深宅大院担任总理海军事务大臣，给海军海防建设事业戴上了一个至高无上的璀璨"桂冠"。海军衙门的成立，宣告海军成为清王朝国家经制军队中的一大重要正式军种；近代中国海军海防建设事业在屡遭挫创的发展道路上，由此开始步入一个黄金般的发展时期。随着向德、英等国订购的"定远""镇远""致远"等新军舰陆续被接驶回国并编入海军服役，海军衙门于1888年秋上奏并获准颁行《北洋海军章程》，标志着经办数年的北洋海军正式组建成军。北洋海军以2艘铁甲舰和8艘巡洋舰作为主力作战阵容，其舰船总吨位超过4万吨。另外加上南洋、广东、福建等地区的舰船，中国海军从规模上一度跃入世界海军大国的行列；近代中国的海军海防建设，从而达到了辉煌的顶点。

第二节　威震东亚的北洋舰队

自 19 世纪 40 年代鸦片战争之后，清朝政府相继经历了 50 年代末期的第二次鸦片战争，70 年代中期的日本侵犯台湾事件，80 年代中期的中法战争。在屡经饱尝海上失败苦果的严峻海防形势下，大清王朝终于在 1888 年深秋，正式组建了一支"雄踞东亚"的北洋舰队。

以英国海军为基本借鉴而拟订颁行的《北洋海军章程》，下设有船制、官制、升擢、事故、考校、俸饷、恤赏、工需杂费、仪制、钤制、军规、简阅、武备、水师后路各局等共计十四款内容。它是中国有史以来第一部海军建设的正式法规文献，是清朝政府在"师夷长技"的曲折过程中，大胆学习引进世界先进海军军事学术成果与海军建设经验的宝贵产物。以北洋海军的组建成军为标志，清政府此时在海军海防建设方面所取得的成就，与二十多年前那支被迫遣散的"阿思本舰队"已是远远不可同日而语了。

组建成军的北洋舰队共拥有大小舰船近 50 艘，其规模在亚洲当属首屈一指。早年曾是李鸿章麾下淮军将领的安徽人丁汝昌，出任北洋舰队提督（舰队司令）。这位非拥有海军专业背景的司令官在后来的甲午战争中给这支规模庞大的海军舰队造成了严重的损失，从一定程度上葬送了这支舰队（本书在后面的章节另有专门论述）。这一点，实在是堪称北洋舰队美中之一大不足。

北洋海军主战军舰简表

舰　名	舰　种	排水量（吨）	功率（马力）	航速（节）	舰员（名）	主要武器		建造地	下水年代
						火炮	鱼雷管		
定　远	铁甲舰	7335	6000	14.5	331	22	3	德国	1880
镇　远	铁甲舰	7335	6000	14.5	331	22	3	德国	1880
致　远	巡洋舰	2300	7500	18	202	23	4	英国	1886
靖　远	巡洋舰	2300	7500	18	202	23	4	英国	1886
经　远	巡洋舰	2900	5500	15.5	202	14	4	德国	1887
来　远	巡洋舰	2900	5500	15.5	202	14	4	德国	1887
济　远	巡洋舰	2300	2800	15	202	18	4	德国	1883
平　远	巡洋舰	2100	2400	14.5	145	11	4	福建	1887
超　勇	巡洋舰	1350	2400	15	137	18	3	英国	1881
扬　威	巡洋舰	1350	2400	15	137	18	3	英国	1881
镇　东	炮艇	440	350	8	55	5	0	英国	1879
镇　西	炮艇	440	350	8	55	5	0	英国	1879
镇　南	炮艇	440	350	8	55	5	0	英国	1879
镇　北	炮艇	440	350	8	55	5	0	英国	1879
镇　中	炮艇	440	400	8	55	5	0	英国	1881
镇　边	炮艇	440	400	8	55	5	0	英国	1881
康　济	练习舰	1300	750	12	124	11	0	福建	1879
威　远	练习舰	1300	750	12	124	11	0	福建	1877
泰　安	练习舰	1268	580	10	180	7	0	福建	1876
镇　海	运输舰	572	350	9	100	6	0	福建	1871
操　江	运输舰	640	400	9	91	5	0	上海	1865
湄　云	练习舰	500	320	9	70	6	0	福建	1887

　　注：广东舰队的"广甲""广乙""广丙"3艘巡洋舰曾随北洋海军参加1894年的中日甲午战争。

再见甲午

——蓝色视角下的中日战争

在德国伏尔铿造船厂刚刚建成的7335吨"定远"号铁甲舰。该舰堪称当时世界最先进的铁甲舰，被誉为"遍地球第一等之铁甲舰"和"亚洲第一巨舰"。李鸿章亲自为"定远"及其同型姊妹舰"镇远"号命名，前者后来成为北洋海军旗舰。1886年北洋海军访日"长崎事件"后，日本下定决心以"定远"、"镇远"二舰为假设敌，建造专门用于对付该二舰的"三景舰"。

北洋海军鱼雷艇简表

舰名	排水量（吨）	功率（马力）	航速（节）	舰员（名）	主要武备		建造地	下水年代
					火炮	鱼雷管		
左一	108	1000	24	29	2	2	德国	1887
左二	108	600	19	28	2	2	德国	1885
左三	108	600	19	28	2	2	德国	1885
右一	108	600	19	28	2	2	德国	1885
右二	108	597	18	28	2	2	德国	1885
右三	108	597	18	28	2	2	德国	1885
定一	16	91	15	7	2	2	德国	1882
定二	16	91	15	7	2	2	德国	1882
镇一	16	91	15	7	2	2	德国	1881
镇二	16	91	15	7	2	2	德国	1881

北洋舰队的上述舰艇，平时被分编为 4 个编队，其具体编成情况是：

北洋舰队平时编队简表

右翼	定远 济远 扬威	后军	镇东 镇西 镇南 镇北 镇中 镇边
左翼	镇远 来远 超勇		左一 左二 左三 右一 右二 右三
中军	致远 靖远 经远		练习舰和运输舰

本着尽先拱卫北洋门户的原则，在北洋舰队海上作战编队的阵容达到相当规模的同时，清朝政府还耗费巨资，致力于海军基地的营建工程。

早在 1881 年，李鸿章就在天津大沽选购民地百亩，兴建船坞

中国军工企业自制的水雷（带链条者）和旱雷，可用于各海口要塞的防御体系。

再见甲午
——蓝色视角下的中日战争

1座，后又陆续兴建船坞2座。大沽的船坞与天津机器制造局专门负责为北洋舰队提供舰船检修与给养供应。在天津还设有水师学堂和鱼雷学堂，培养海军人才。

但是，随着大型军舰的逐年购入，大沽的船坞和海上航道已不敷使用，且天津大沽地处直隶湾（渤海湾）最西部，离北京太近又不便于舰队出击行动，因此，势必寻找其他的合适地点另建基地。1885年，李鸿章向朝廷提出："渤海大势，京师以天津为门户，天津以旅顺、烟台为锁匙"。1887年，李鸿章又进一步提出自己亲自进行实地考察的结论："纵览北洋海岸，水师扼要之所，惟旅顺口、威海卫两处，进可以战，退可以守。西国水师泊船建武之地，其要有六：水深不冻，往来无间，一也；山列屏障，以避飓风，二也；路连腹地，便运粮糗，三也；土无厚瘀，可浚坞澳，四也；口接大洋，以勤操作，五也；地出海中，控制要害，六也。北洋海滨，欲觅如此地势，甚不易得。胶州澳（青岛湾）形势甚阔，但僻在山东之南，嫌其太远；大连湾口门过宽，难于布置。惟威海卫、旅顺口两处较宜"。于是，威海卫和旅顺口便被确定为北洋舰队最重要的两个基地。

旅顺口位于辽东半岛最南端，东临黄海、西濒渤海，近扼出入渤海的老铁山水道，远与山东半岛相遥望。旅顺口北面从东南到西北，群山环绕拱卫着北部后路。天然不冻的旅顺港东西细长而南北狭窄，口门最窄处仅9丈，形如扑满；港湾内常年风平浪静，可供巨舰驻泊。港区东边建有超大型石质船坞一座，可用于检修铁甲巨舰，是当时远东和亚洲的第一大船坞。旅顺口沿海依靠天然山形之托，建有海岸炮台和陆路台多座，共设各种海岸火炮60余门。此外，为守卫旅顺口军港的后路，在金州和大连湾等处另修建有多座炮台。

威海卫位于山东半岛北岸东端，也是扼守渤海海峡的重要战略据点。威海港形若箕状，面积 3.15 平方公里的刘公岛安卧于港湾之中，将港湾分辟为东、西两口。港湾三面环山，一面向海，适宜舰船驻泊。刘公岛上设有北洋水师提督衙门（北洋舰队司令部）、制造局、学校、兵营、靶场、弹药库、船坞等，既是舰船保障补给与维修的基地，又是北洋舰队总部所在地。威海卫军港的南北两岸、刘公岛、日岛和黄岛等处，分别建有陆地炮台和海岸炮台多座，配备有各种火炮 130 多门。

旅顺口与威海卫作为北洋舰队两个最重要的基地，都耗费巨资并营建多年，成为当时近代化条件非常优越的海军基地；后勤保障设施齐全与岸防火力配系强大是这两处基地的共同突出特点。但是，基地的海、陆驻军指挥权不统一和炮台火力射界的限制，是其致命的弊端，这在后来的甲午战争中暴露无遗，危害甚大。

出于巩固北方海防的考虑，李鸿章提出选址旅顺口作为北洋海军基地，并亲抵旅顺口实地考察，得出旅顺口居北洋要隘，京畿门户，"为奉直两省海防之关键"，"盖咽喉要地，势在必争"的结论。图为驻泊在旅顺口军港东港池内的北洋舰队。

尤其值得夸耀的是，作为一支大型的近代化海军舰队，北洋海军的官兵大多接受了比较正规的海军专业教育。北洋舰队的军官，基本上都是福州船政学堂等海军学校的毕业生。高级军官即主战军

由邓世昌担任管带的"致远"舰水兵在甲板上合影。
在黄海海战中，"致远"舰勇往直前，中弹最多，伤痕累
累，最终全舰两百余名官兵与战舰同沉，壮烈殉国。

舰的管带（舰长）们几乎清一色都是赴西欧留学海军回国者。他们
都是真正的海军业务内行，堪称当时一流的海军军官。

　　北洋舰队刚刚组建成军的时候，这批军官的年龄普遍才30多
岁。这批风华正茂、血气方刚的年轻军官，涉历广阔，多富主见，
为近代中国海军海防建设事业做出了可贵的贡献。他们中的多数人
在后来的甲午战争中为保卫海疆国土而英勇无畏地献出了自己的鲜
血和生命。北洋舰队对下级军官和普通水兵的要求也是极为严格的，
招兵时除严格检查身体之外，还要进行文化考查；官兵上舰服役之
后还必须学习使用英语进行舰上作业。可以毫不夸张地断言，北洋

海军官兵的综合素质，就当时而言，在中国军队建设史上堪称史无前例。

北洋海军主战军舰管带简历表

姓名	生年	籍贯	军衔	职务	简历
刘步蟾	1852	福建	总兵	定远舰管带	福州船政学堂第一届学生，1876年留英
林泰曾	1851	福建	总兵	镇远舰管带	福州船政学堂第一届学生，1876年留英
邓世昌	1849	广东	副将	致远舰管带	福州船政学堂第一届学生
叶祖珪	1852	福建	副将	靖远舰管带	福州船政学堂第一届学生，1876年留英
林永升	1853	福建	副将	经远舰管带	福州船政学堂第一届学生，1876年留英
邱宝仁	不详	福建	副将	来远舰管带	福州船政学堂第一届学生
方伯谦	1852	福建	副将	济远舰管带	福州船政学堂第一届学生，1876年留英
黄建勋	1852	福建	参将	超勇舰管带	福州船政学堂第一届学生，1876年留英
林履中	1852	福建	参将	扬威舰管带	福州船政学堂第三届学生
李 和	不详	广东	都司	平远舰管带	福州船政学堂第一届学生
萨镇冰	1859	福建	游击	康济舰管带	福州船政学堂第二届学生，1876年留英
林颖启	1852	福建	游击	威远舰管带	福州船政学堂第二届学生，1876年留英

根据《北洋海军章程》每三年进行一次"大阅"的明确规定，北洋舰队于1891年夏初进行了第一次大规模校阅。奉朝廷之钦派，

北洋舰队在旅顺口军港进行阵形演练。

李鸿章等人奔赴旅顺口，去检阅由他一手创办起来的这支心爱的舰队。情形如何呢？

1891年5月28日，李鸿章及其随从官员一行浩浩荡荡抵达大连湾。官方史料记载道："北洋各舰沿途分形布阵，奇正相生，进止有节。夜以鱼雷六艇，试演泰西袭营阵法，兵舰整备御敌，攻守并极灵捷，颇具西法之妙。次日驶往三山岛，调整各舰鱼贯打靶，能于驶行之际命中及远。旋以三铁舰、四快船、六鱼艇演放鱼雷，均能中靶"。6月1日，李鸿章一行高官乘坐战舰，由旅顺口军港起航，南渡渤海海峡后抵达威海卫军港。兴奋不已的李鸿章顾不得休息，"是夜合操，水师全军万炮齐发，无稍参差，西人纵观亦皆称羡"。李鸿章对此次的检阅结果非常满意，他在随后呈递朝廷的《巡阅海军事竣折》中不无得意地报告说："北洋兵舰合计二十余艘。海军一支，规模略具，将领频年训练，远涉重洋，并能衽席风涛，熟精技艺。综核海军战备，尚能日新月异，目前限于饷力，未能扩充，但就渤海门户而论，已有深固不摇之势。"

历史，在此时似乎消除了清朝统治集团对海军海防问题的忧患。他们感到海上防务有了可靠的保证，海军海防建设事业的脚步随即

北洋舰队在威海卫军港进行阵形演练。

停了下来。

三年后即 1894 年的初夏，李鸿章对北洋舰队进行了第二次校阅，看到的情形也与三年前的那一次极为相似："北洋各舰沿途行驶操演，船阵整齐，变化雁行、鱼贯，操纵自如，攻守多方，备极奇奥。夜间合操，水师全军万炮并发，起止如一。英、法、俄、日本各国，均以兵船来观，称为节制精严。"

但是，此时的李鸿章却从北洋舰队海上演习的壮观场景背后，清醒地预感到朝廷停止海军海防建设步伐将面临的不祥后果。在校阅归来照例上呈朝廷的《校阅海军事竣折》中，李鸿章忧心忡忡而又小心翼翼地提出：

"西洋各国，以舟师纵横海上，船式日异月新。臣鸿章此次在烟台、大连湾，亲诣英、法、俄各铁舰详加察看，规制均极精坚，而英尤胜。即日本蕞尔小邦，亦能节省经费，岁添巨舰。中国自十四年（光绪十四年即 1888 年）北洋海军开办以后，迄今未添一船，仅能就现有大小二十余艘勤加训练，窃虑后难为继。"

李鸿章的担心是否是庸人自扰或杞人忧天呢？在 19 世纪末的最后岁月里，中华民族能否承受新的来自海洋方向的无情挑战呢？在西北太平洋悄然涌动的一股巨大暗流，不久后立即化作奔腾咆哮的狂涛，无情地回答了这两个问题。

第三节　西北太平洋上的暗流

　　就在古老中国屡遭海上外敌入侵之后而于海军海防建设事业渐渐有所作为之时，原来同样也是与世隔绝的东瀛岛国日本在经受同样的海上外敌入侵之后，却以更加积极主动的姿态，迅猛开始了更大的振作。

　　早先的日本也同中国一样，是一个闭关保守的封建国家。1853年7月8日和1854年2月13日，日本尚处于德川幕府统治之下，美国海军东印度舰队司令马修·佩里准将两度率领一支船体涂装着黑色油漆并且冒着浓浓黑烟的舰队，强行闯入日本江户湾的浦贺及神奈川（今横滨），打开了日本国门。1854年3月31日，日本代表在神奈川与美国代表签订了《日美亲善条约》（亦称《日美神奈川条约》），日本被迫同意开放下田、箱馆（今涵馆）两港口，美国舰船可以在这两个港口加煤上水，并得到粮食等物品的补给供应。该条约还允许美国在上述两个港口派驻领事官员，并享有最惠国待遇。不久，英国、俄罗斯、荷兰等国也援例而至，与日本政府签订了类似条约。

随着上述条约的相继签订，岛国日本也开始面临沦为西方列强殖民地的现实威胁。1853 年的"黑船事件"，引起了不亚于火山爆发的全日本大震动。但是日本人的反应非常迅速，执政的幕府当局在当年就废除禁止建造大型船舶的命令，并向荷兰订造军舰，开办海军传习所、造船所和制铁所。当时的日本改革派思想家吉田松阴指出：日本与两国的媾和既成定局，日方就不能违约，今后日本应扩充军力，征服易取的朝鲜、满洲和中国，君临印度。吉田松阴的主张，广泛影响了他主持的松下村塾的弟子们，如高杉晋作、木户孝允、伊藤博文、山县有朋（这些弟子后来均成为日本军政要员），并在明治维新之后，成为日本政治家们所奉行的最高国策。

1868 年是日本近代史上非常重要的年头，德川幕府将国家大政归还天皇；年仅 15 岁的睦仁天皇在这一年开始执掌朝政，改元"明治"，成为明治天皇。这个新年号，取自于中国《易经》中"圣人面南而听天下，向明而治"一句。1868 年 4 月 6 日，年轻的明治天皇在江户城（今东京）紫辰殿登基大典上，率领公卿诸侯齐诵的是这样的《五条誓文》：

1. 广兴会议，万机决于公论；

2. 上下一心，盛行经纶；

3. 官武一途，以至庶民各遂新志，务使人心不倦；

4. 破旧有之陋习，基于天地之公道；

5. 求知识于世界，大力振兴皇基。

一个比挨打的中国更为落后的东方小岛国，能够被这位未成年的天皇振兴起来吗？的确，在这个强手如林的世界和弱肉强食的年代，和所有的东方国家一样，日本的雄心壮志来得似乎有些太晚了。

但是，明治天皇立志要找到一条能够使日本后来居上的道路。在随后的几年里，明治政府正确大胆革新，采取一系列有利于日本发展资本主义的措施，大力度地学习和引进西方国家先进科学技术成果，并改革国内行政机构以适应和促进社会生产力的发展，使日本开始迅速步入资本主义发展道路，国力倍增。

然而，明治天皇从历史教科书中还找到另一条结论：西方列强之所以强悍，是与蔚蓝色的浩瀚海洋结下了不解之缘。因为跨海东来的西方列强，从葡萄牙、西班牙、荷兰到大不列颠、法兰西、美利坚、俄罗斯，哪一个不是这片蓝水的主人？！哪一个不是通过这片蓝水到达遥远的彼岸，进而成为海外列弱民族的宗主？！日本处于大海环绕之中，要想强盛起来，必须勇敢投身于海洋——明治天皇迅速找到了他认定的一条正确发展道路。

明治天皇睦仁大力推行维新运动，将日本建成为亚洲第一个资本主义国家，同时走上军国主义的对外侵略扩张道路。

登基之初，年轻的明治天皇就发布《安抚万民之亲笔诏书》（亦称《御笔信》），宣誓要"意欲继承列祖伟业，不问一身艰难"，"开拓万里波涛，布国威于四方"。4月27日，明治天皇公布《太政书》，规定"天下权力皆归太政官，使政令无出二途之患"，在形式上采取西方资本主义的"三权分立"，即在太政官（总理大臣）之下，设立议政（立法）、行政、刑法（司法）三官（权），极力谋求建立一个政令统一的中央集权国家。

掌管全国军事的军务局（后为兵部省）立刻就领会了明治天皇的战略远瞻，当即提出奏折称："耀皇威于海外，非海军莫属，当今应大兴海军"。1868年10月，明治天皇在这份奏折上奋笔批示："海军建设为当今第一急务，应该从速奠定基础！"

1869年，明治天皇修改太政官制，在政府设置兵部省。同年，兵部省提出"海军应采用英国方式"和"陆军应采用法国方式"的建议并获得批准。1870年2月，明治天皇在兵部省内设置海军局和陆军局。由此，日本海、陆军开始形成相对独立的发展体系。一个月之后，兵部省就向最负海军盛名的英国派出了海军留学生，并开办海军操练所（江田岛海军学校的前身）。

日本人的确不愧是一个特别善于学习的民族。他们不仅善于学习别人的成功经验，也善于吸取他人失败的教训。更为可贵的是，他们学而不倦，从不故步自封，决不拘泥于任何传统，而是敢于学习世界上一切先进和有益的东西，无论它距离自己有多么的遥远。在这一时刻，他们毅然抛弃了传统的中国先师，以求"在未败之前学到西洋之法"。在日本人看来，中国此时并非没有找到真正的良策，日本人特别推崇的《海国图志》《圣武记》《瀛环志略》等著作都是中国人所作，只不过中国当权者"断之不行，行之不速"而已。《海国图志》这样的启蒙思想伟大著作，在中国很快就遗憾地被统治者束之高阁，而在日本却受到了朝野人士的大力追捧。

日本人速断速行、斩钉截铁，决不贻误宝贵的时机！1870年，兵部省向明治天皇提交《发展海军建议书》，在详细分析研究世界战略形势和英、法、美、德、俄、奥、荷七大强国军事情况的基础上，制订了一份要在未来二十年内拥有大小军舰 200 艘和常备军 25000 人的海军发展计划。兵部省提出："皇国是一个被分割成数岛的独立于海中的岛国。如不认真发展海军，将无法巩固国防。当今各国竞相发展海军，我国则十分落后。因此，他国对我国殊为轻视，出言不逊，甚至干出不法之事。若我国拥有数百艘军舰,常备精兵数万，那么他国便会对我敬畏起来，哪里还敢有今日之所有？！"1873 年，英国海军少校道格拉斯率一个由 34 人组成的教官团应邀赴日执教，使日本海军教育迅速走上正规化道路。1878 年，日本自行建造的"清辉"号军舰远航访问欧洲，总航程达 26300 英里，经停多个国家的 60 多个港口。当时英国《先驱论坛报》这样评论道："只要看一看'清辉'号军舰，就足以推测日本国文明开化的程度。"

1871 年，刚登上皇位仅三年的明治天皇，就决定组成以岩仓具视为特使、木户孝允、大久保利通、伊藤博文为副使的庞大使节团，游历美、英、法、荷、比、德、丹、瑞、俄、意、奥等十余国，修改安政年间签订的不平等条约，考察西方的政治经济制度、文化传统、价值体系，以作为日本未来改革的借鉴，描绘未来日本国家发展的宏伟蓝图。

1872 年启程远涉重洋的这个使节团由 46 名政府重要官员组成，其平均年龄只有区区的 30 岁左右。这一群特别容易接受新生事物的年轻人在后来的岁月里，逐渐成长为日本未来改革与发展的核心力量。后来出任日本首相（即内阁总理大臣）并主导了中日甲午战争的伊藤博文，在当时竟然仅仅只有 31 岁。

在号称"世界工厂"的英伦三岛，日本使节团亲眼目睹了高度繁荣的资本主义商业、雄视全球的强大海军舰队、烟囱林立的工厂和车水马龙的矿山，感到无比的兴奋与垂涎。在访问德国期间，著名的"铁血宰相"俾斯麦向他们灌输了德国的君主立宪制度。德军参谋总长老毛奇元帅发表的一段谈话，更是令这群年轻的日本来访者如醍醐灌顶："万国立法者，乃是小国之事。至于大国，则无不以其国力来实现其权力"。德军元帅的这段话语，深深地打动了这群日本使节深藏不露的内心，木户孝允兴奋地说："可效法者，当以德国为最！"

年轻使节团远赴西洋的这次考察，对日本近代历史的发展产生了重大而深远的影响。从此之后，日本开始沿着俾斯麦所说的"强弱相凌，大小相欺"的方针来制定本国的对外政策。日本政府以牺牲邻国为自身发展代价的"宇内经营"策略，以及实现这一策略的工具——海军的大力兴办，也就是从这一时期开始加力发轫的。

而在日本国内掀起的维新运动，则首先是从改变国人的思想观念开始的。就在大清朝野将魏源精心编撰的《海国图志》束之高阁逐渐遗忘时，敏感的日本有识之士则如获至宝地将这部著作引入岛内，以多种版本不断刊印，供国人渴读求知。1866年，一个名叫福泽谕吉的31岁年轻人，将他在游历欧洲一年笔录的内容加以整理，并参考一些西方著作撰写成《西洋事情》。这部晚于中国《海国图志》问世的《西洋事情》，堪称改变了日本的近代历史。当时忧国爱民的日本朝野人士，几乎人手一册，把它奉作日本民族发展的金科玉律。这部著作的价值，不仅在于它生动描述了欧西风情及文物，还在于它从思想领域彻底改变了日本；日本人因此也把福泽谕吉尊奉为"教父级的思想先驱"，后来甚至把他的头像印制在最大面值的日元纸钞上。

在此期间，日本在政治上进行废藩置县和新政府机构改革，以巩固明治天皇的政权基础；在经济上推行"殖产兴业"，掀起工业化浪潮；在思想文化上提倡"文明开化"，学习西方的社会文化及习惯。作为发展军备的强力支撑，日本明治政府同时还聚力发展先进的资本主义工业产业。仅从1888年到1894年甲午战争前，在幅员有限的日本，近代化的工厂就由1699个增加到5985个；以军事工业为牵引，日本的铁路、电信及航运等相关行业也得到迅速而长足的发展。

在积极改革国内政治制度和大力发展资本主义经济的交响乐曲声中，日本人就这样以不停奔跑的姿态，如同潮水一般齐心协力地奔涌向一条军国主义的国家发展道路。

在此期间，日本明治政府更是大力发展军备，要实现"强兵富国"的国家战略目标。1873年1月，日本政府颁布《征兵编制及概则》，征集年满20岁的国民加入陆海两军，开始建立近代资本主义国家的常备军。1880年11月，时任参谋本部本部长的山县有朋上奏《近邻邦兵备略表》，提出"兵强则民气可使旺，始可言国民之自由，始可论国民之权利，始可保国民之富贵"，主张必须要将增强军备置于日本政府的一切政策之首位。

基于岛国的地理特性，海军建设自然成为日本政府发展军备的重要内容。由于财政一时拮据，兵部省在1870年向明治天皇提交的海军发展计划并没有能够被立即付诸实施。1872年，明治天皇撤销兵部省，设置海军省和陆军省，并设立了专门的海军节。明治天皇还不断视察海军部队，并多次命令节省内库（宫廷）开支以增加海军造舰经费。1874年，日本侵台最终未能得手，明治政府痛感日本海军的软弱，遂斥资向英国购买军舰。1882年朝鲜发生"壬午兵变"，中日两国皆派军舰赴朝鲜干预；日方因海军实力不足而未敢与中方发生直接冲突。但日本政府从此正式将头号假设敌由俄国改为中国，这是日本军事战略的重大转折。日本海军卿川村纯义认为"东洋形势已非昔比"。经向明治天皇奏报，日本政府决定从

1883 年起，将酿造业、烟酒业的税收 2400 万日元作为海军经费，连续八年专门用于为海军建造军舰。

1884 年，朝鲜发生"甲申兵变"，中国再次派军舰赴朝鲜干预，从客观上进一步加重了日本上下的反华情绪。日本朝野众多人士主张对华开战，只是因为军方认为对华作战的准备尚未完成而未被采纳。1885 年，中国从德国购买的两艘 7300 吨级的铁甲巨舰"定远"和"镇远"被编入北洋舰队作战序列，日本人既受震慑又受刺激。次年，日本政府公开发行海军公债 1700 万日元；明治天皇亲率全国文武官员将自己薪俸的十分之一捐献专门用于海军建造军舰。

19 世纪 70 至 80 年代，中国海军在装备实力上较日本海军略占优势，这对扼制日本军国主义的扩张野心确实起到了积极作用；但同时也刺激了日本朝野拼命发展海军的狂热情绪。例如，中国海军北洋舰队铁甲巨舰曾出访日本，深受刺激的日本海军由此出现一句流行话："一定要打沉'定远'"。在军国主义思想蛊惑之下，连天真幼稚的孩童和在校读书的小学生们，也时兴玩起了打沉中国"定远""镇远"铁甲舰的战斗游戏。

在 19 世纪 80 年代，中日两国海军互以对方作为自己的假设敌。但中国的目的在于防御。用李鸿章的话说，"今之所以谋创水师不遗余力者，大半为制驭日本起见"。但日本则截然不同，从 1887 年参谋本部第二局局长小川又次制定的《征讨清国策》，到 1893 年枢密院长山县有朋提出的《军备意见书》，完全是将中国作为日本的侵略目标来考虑的。

1888 年，中国海军北洋舰队正式组建成军，此后中国海军的发展开始转入停滞状态。而在此期间，日本海军完成了扩张计划，其中包括专为对付北洋舰队铁甲巨舰而建造的 3 艘海防舰，向英国订造了当时世界上航速最快的巡洋舰"吉野"号等。中日两国海军之间的差距日渐缩小，中国在前些年里积累成的海军发展优势，被从后边穷追不舍的日本海军基本拉平了。到1894年甲午战争爆发前，日本海军已拥有30余艘作战军舰和20多艘鱼雷艇，总排水量达6万多吨。致力于追求航速快和火力猛的日本海军，已跃跃欲试要与中国海军庞大的北洋舰队一争高下。

1893年2月，明治天皇批准新设海军军令部。5月19日，明治天皇批准实行新制定的《战时大本营条例》，以便在战时加强对日本陆海军的统一指挥。

及至此时，日本陆军部队也完成了扩充计划。根据战时编制，日本陆军拥有7个野战师团，14个步兵旅团，7个炮兵联队，总兵力达13万多人，加上10余万人的后备兵员，在战时共可调集23万人的部队。实行德国军制的日本陆军，其军官都接受过系统的野战训练，步兵统一配备了先进的"一八式村田步枪"，炮兵则装备有射程5000米的青铜野炮和射程3000米的山炮及口径90毫米的臼炮，日本陆军的整体作战能力获得大幅度提升。

历史的车轮转动到此时，各种情况已经或明或暗地显示出不祥的征兆：在西北太平洋涌动的一股暗流，即将化为奔腾咆哮的冲天狂潮。一场大战，势所难免！

但是，与日本精英知识分子群体以其前瞻的思想，引领国民以"只争朝夕"的速度拼命发展国力形成强烈反差，大清王朝这厢的情形实在是糟糕透顶、令人痛恨。黄遵宪《日本国志》的遭遇便是最好的佐证！在此有必要略费一些笔墨对《日本国志》鲜为人知的曲折出版经历进行一番述评。

别号为"人境庐主人"的黄遵宪（1848—1905），1876年考中举人。1877年（日本明治十年）秋，29岁的黄遵宪渡海出任中国驻日本公使馆参赞。此时，近代思想家魏源的伟大著作《海国图志》早已被晚清统治者们束之高阁，年轻的参赞黄遵宪在岛国亲身目睹感受并大为惊叹明治维新在日本取得的巨大成果，鉴于"日本士夫类能谈中国之书，考中国之事，而中国士夫好谈古义足以自封，于外事不屑措意。无论泰西，即日本与我仅隔一衣带水，击柝相闻，朝发可以夕及，亦视之若海外三神山，可望而不可即。若邹衍之谈九州，一似六合之外，荒诞不足议论也者，可不谓狭隘欤"的情形，黄遵宪开始潜心考察研究日本国情，用数年时间于1882年完成《日本国志》初稿。黄遵宪当年又奉调出任中国驻美国旧金山总领事，仍旧继续用心充实完善该书。

不久，为集中精力写好此书，对晚清官场开始心生倦意的黄遵宪告假回乡，终于在1887年夏季完成40卷50万言的《日本国志》，以卷首年表和国统志、邻交志、天文志、地理志、职官志、食货志、兵志、刑法志、学术志、礼俗志、物产志、工艺志等12种志，多角度深入系统地研究了日本的历史与现状，尤其是详细记述并研究了明治维新的过程，强调日本维新的重要举措是宣传"民权"学说，要求召开国会，认为"庶人议政，倡国会为共和"是促成日本转向强国的关键之处。黄遵宪在书中明确指出：日本明治维新的重大成果足以证明"万国强由变法通"，向晚清政府倡言要学习日本实行变法。

黄遵宪自然是非常急于出版自己历时十年终于完稿的《日本国志》。身为前驻外使节的他，想将书稿呈送总理各国事务衙门出版以期影响国家政策的制定，但自己级别不够且已是赋闲在家，没有资格直接向总理衙门呈递公文，于是只能将书稿呈送给时任直隶总督兼北洋通商事务大臣的李鸿章，请求这位洋务重臣将书稿举荐给总理衙门出版。李鸿章当然是对此书大加赞赏并向总理衙门极力推荐，但始终没有得到总理衙门的任何回音。

1889 年夏初，心有不甘的黄遵宪再将书稿拜托给时任两广总督的张之洞。这位后起的洋务重臣张之洞随即向总理衙门力荐道："详阅所呈《日本国志》，条例精详，纲目备举，寓意深远，致力甚勤，且于外洋各国风俗、政事，俱能会通参考，具见究深时务"，但结果同样如同泥牛入海杳无音讯。最后，直到甲午战争失败之后，黄遵宪的《日本国志》才最终得以刊行问世，尴尬地成为晚清政府了解日本国情于事无补的"马后炮"。晚清政府盲目自大的昏聩无知和对周边新世界的浑然麻木，其情至极，殊堪痛恨。

1896 年《日本国志》终于历经周折印行出版后，曾有人评论说如果此书早早及时出版，就能使国人了解日本，朝廷的主战派大臣就不会轻易言战，也就不会造成甲午战争的惨败结局。《日本国志》后来成为晚清维新派的重要思想资源。极力倡导变法的维新派重要代表人物梁启超在为《日本国志》写的后序中，开篇就直言"中国人寡知日本者也"，而直到今日国人才因黄遵宪的这部著作知道日本，才知道日本强大的真正原因。

大清王朝以如此的昏庸颠顶，去迎接强大对手蓄谋已久的全力挑战，焉有不败之理？！

第四章
战幕从海上拉开

"人类许多活动是按照几种标准来评判的，可是战略只有一个评判标准，那就是胜利。战略科学就是确定导致胜利的因素。"

"战略学作为一门行为科学，它的法则的有效性和实用性是相互联系的。战略法则之所以正确，是因为它能带来成果。"

——以色列陆军少将耶·哈尔卡比

第一节　尽占先机的战略筹谋

19 世纪 90 年代初，就在中国最高统治集团对颇具规模的海军力量深感信赖和欣慰而由此停步不前之际，日本海军仍然以丝毫不减的势头继续发展扩充。到 90 年代中期，日本海军已与中国海军旗鼓相当，成为雄视东亚海权的另一支强大力量。它正在等待时机一显身手。

1894 年春，朝鲜东学道道徒全琫准在其家乡全罗道古阜郡领导农民武装起义，其势力迅速扩展。朝鲜封建统治者惊恐万状而无力招架，只得向清政府乞援，请求中国出兵帮助其平定局势。日本政府将朝鲜发生的乱局视为其发动侵略战争的天赐良机。他们竭力怂恿中国政府出兵赴朝鲜助剿，以此作为其乘机出兵朝鲜的借口，并假惺惺地表示日方"并无他意"。

6 月初，中国出动海陆军部队赴朝鲜助剿。6 月 5 日，日本政府组建战时最高指挥部——战时大本营，并于同一天派军队在朝鲜

日军部队源源不断地在朝鲜仁川登陆，使狭小的朝鲜半岛上空迅速布满战争阴云。

仁川登陆。随后，日军后续部队源源不断抵达朝鲜，其总兵力已超过在朝之清军，使狭小的朝鲜半岛军旅密布，气氛日紧。到6月底，在朝鲜的日本陆军已达万人，军舰达8艘，远远超过清朝海陆军派赴朝鲜的兵力。对于日方在军事上的步步紧逼和外交上的威胁恫吓，清朝政府不做军事上的全力准备，却一味寄希望于俄、英等列强进行干涉和调停，想以此迫使日本放弃对朝鲜的入侵。然而，清朝政府天真的幻想，像肥皂泡一样一个接一个地破灭了。日本军国主义者既已完成了先期的军事部署，又消除了外交上的后顾之忧，下定决心要对华开战。

　　1894年7月25日，日本海军联合舰队在朝鲜半岛西海岸中部的丰岛海域，以卑鄙的偷袭手段不宣而战，袭击中国赴朝运兵船队的舰船，公然挑起了蓄谋已久的对华战争。

　　战争既是交战双方军事实力的总体较量，同时也是交战双方在谋略上的无声"厮杀"。早在甲午战争从朝鲜丰岛海域打响之前的几年时间里，日本军政当局在战略谋划方面，已尽占了先机。

中日甲午战争，是日本军国主义政府经过长期战略准备并精心筹谋的一场侵略战争。自从 1882 年将中国列为头号假设敌和侵略目标之后，日本明治政府在大力扩充军备的同时，就积极着手组织并实施对中国的战略侦察。在 1884 年至 1885 年中法战争期间，日本间谍趁乱游历中国沿海各省，提出了《攻取中国以何处为难何处为易》报告书，对中国的"山川险要，土俗人情，无不详载"。1893 年，负责日军情报工作的日军参谋次长川上操六中将还亲自率队进入朝鲜和中国境内，实地考察了将来侵华战争可能的预定战区。与此同时，日本海陆军主力兵团还数次组织进行了以中国为假设敌的军事演习。到 1894 年甲午战争爆发前夕，日本军政当局对中国海陆军的总兵力和作战能力，甚至对每个省能提供多少参战兵力等，都汇辑整理出了专题报告书。日军对朝鲜、中国东北及渤海湾等预定战区都绘制出极其详尽的大比例尺军用地图，图上甚至标出每一座山丘、每一条行军道路直至日军部队可能途经的村庄里每一口可供部队官兵及战马饮用的水井等细微目标。

1894 年，朝鲜半岛发生内乱后，日本政府认为发动侵华战争的时机已经到来，立即启动具体的战争准备行动。6 月 5 日，日本政府在东京正式组建对华战争的最高统帅部——日军大本营（后于 9 月 15 日迁至广岛）。7 月 17 日，大本营御前会议正式决定发动对华战争，并确定了日本海陆军侵华作战的基本方针。其作战目的是：输送陆军主力兵团从海上进入渤海湾择地登陆，在直隶（今河北）平原与中国陆军兵团进行决战，然后进攻北京，迅速迫成城下之盟。

但是，日军大本营认为"中国有优势的海军"，因此中日陆军主力在直隶平原"决战的结局首先取决于海战的胜败"，即取决于日本海军能否首先在海上战场歼灭中国海军主力即北洋舰队，掌握黄海与渤海的制海权，从而保证安全输送其陆军主力兵团进入渤海湾内择地登陆，最终实现作战的最后目标。

鉴于上述的考虑和预断，日军大本营在其作战计划中设置出作战的两个阶段。第一阶段：日本出动陆军侵入朝鲜，牵制中国军队；日本海军联合舰队出海，寻找有利战机歼灭中国海军北洋舰队，夺取黄海与渤海的制海权。第二阶段：则根据海上战场的作战所可能产生的不同结局，分别设定出三种具体作战方案：

日本军国主义政府策动并遥控指挥侵华甲午战争的中枢机构——战时大本营，9月15日由东京迁至广岛。明治天皇亲自赴广岛坐镇指挥。

（1）若日本海军在海战中获胜并掌握预定海区的制海权，则立即输送其陆军主力兵团进入渤海湾择地登陆，在直隶平原与中国陆军兵团实施决战。

（2）若海战平分秋色，日本海军不能掌握预定海区的制海权，则以陆军主力兵团达成对朝鲜半岛的占领。

（3）若日本海军在海上战场失败，制海权落入中国海军之手，日本军队则全部收缩回本土设置防线，准备全力抵御中国海陆军大兵团对日本本土的进攻。

日军大本营关于对华作战的上述战略筹谋与作战预案，是十分周密、明确而又坚决的。它对中国海陆军没有做出任何轻视的判断和决策，完全符合兵家制胜之道。特别需要强调的是，日军大本营为这场战争制定的是一个非常典型的具有鲜明近代军事特点的海军制胜战略。因为这场由两个隔海相望的国家之间进行的战争，其发展进程和可能导致的最终胜负结局，无不依赖于两国海军兵力在海上战场的决战即制海权的得失。完全可以说，在这场战争的海上战场角逐中，中日两国海军舰队对黄海和渤海制海权的争夺，具有关系战争全局的头等重要的战略意义。日军大本营已牢牢抓住了进行这场战争的要害之处，因此在战争的战火尚未点燃之时，日方已居

明治天皇主持召开战时大本营会议，决定发动侵华战争，并制定出完整的侵华作战方案。

于一种主动而有利的战略态势。这是卓越的战略筹谋的结果。

反观中国的情形则是令人非常遗憾。尽管以李鸿章为代表的一些军政重臣们对于日本明治政府图谋侵略中国的野心早有洞察，并做过长期的应对努力，但从 1888 年中国海军主力北洋舰队组建成军之后，中国海军的发展就一直处在停滞不前甚至萎缩的状态之中。直到这场战争爆发时，清朝政府也未曾做好应付战争的准备。清廷在 1894 年 8 月 1 日发布的对日宣战诏书中说：日本"变诈情形，殊非意料所及"，正好一语道出其仓促之间匆忙应战的窘态。

在战略上，中国最高当局缺乏对战争的全盘策划与部署，对于战争的可能情况未做过任何分析和判断，更没有制定出一套用于应付各种可能情况的完整作战预案。战争初起，主战者以为日本不过是海中小国，不难一战而平之；主和者强调中国海军装备不如日本，认为若不依赖国际力量居间调停，则难以取胜。双方作的都是政治判断，考虑更多的是天朝大国的虚荣和派系集团的私利，对于海上战场和陆上战场的战略方向，战略战役的内在关系，海陆军部队在战争中的协同配合等，一切均属心中无数。决策者们根本没有将海上战场制海权的争夺和得失置于高度重视之中，甚至对于动员和使用其他地区的海军兵力与北洋舰队共同作战这一非常重要而举措应属自如的问题，也根本未作认真考虑，更没有专门组建一个高度集中统一的战争指挥与协调机构。在这种情形之下，战端一开，中国军队就立即陷入被动和不利的战局之中，无疑是必然之事。

通过上述的情况分析，我们不难看出：甲午战争打响之前，双方在战略筹谋上的高下之别，就已经使战局发展的天平开始倾向日本一方。

第二节　不宣而战的开端

　　1894 年 7 月上旬，随着日本陆军部队源源不断地开赴朝鲜，朝鲜半岛上空顿时充斥着剑拔弩张的紧张气氛。清政府寄托于西方列强居间调停的希望破灭了。李鸿章只得安排向朝鲜增派陆军部队。增兵计划是派四支援军共 13000 人，从陆路取道辽东渡过鸭绿江驰赴平壤。由于道路迂远而难救牙山（位于朝鲜西海岸中部）之急，李鸿章决定从天津再抽调 2000 余人的增援部队从海上直接输送赴援牙山。

　　由于担心使用中国船舶从海路运兵会有危险，李鸿章决定租用英国"爱仁""高升""飞鲸" 3 艘商船来运送援兵赴牙山；为进一步确保此次海上航行的安全，李鸿章又命令北洋舰队派军舰实施护航保驾。北洋舰队提督丁汝昌决定派"济远"舰管带方伯谦为队长，率"济远""威远"和"广乙" 3 舰编队承担护航任务。7 月 21 至 23 日，运兵船队分 3 批从天津大沽口启航；北洋舰队护航编队由威海卫直接驶往朝鲜牙山。

但是，中国这次秘密的增兵行动计划，却被潜伏在天津多年的日本间谍石川五一设法掌握了。日军大本营在7月20日获得石川五一的密报之后，决定采取不宣而战的海上偷袭行动。

7月22日下午，日本海军军令部长桦山资纪海军中将亲抵联合舰队驻泊的佐世保军港，向联合舰队司令长官伊东祐亨海军中将正式下达了前往朝鲜丰岛海域袭击北洋舰队护航编队的作战命令。次日11时，由坪井航三海军少将率领的日本海军联合舰队第一游击队3艘军舰从佐世保军港启航驶往朝鲜丰岛海域；16时，伊东祐亨亲率联合舰队主力编队后续出航。

7月25日晨，北洋舰队"济远"和"广乙"两舰由朝鲜牙山返航（"威远"舰已护送已经卸载的运兵商船"爱仁"和"飞鲸"先期返航），当驶至牙山湾口外丰岛西南海域时，突然与日本联合舰队第一游击队巡洋舰"吉野""浪速""秋津洲"3舰相遇。是时为7时15分，"济远"舰管带兼此次护航编队司令官方伯谦传令舰上官兵进入炮位，准备御敌；而日舰此时正处于丰岛附近的狭窄水道而不利于实施作战机动，遂向右偏转16度驶至开阔海面，然后再左转舵16度，直扑中国军舰。7时45分，日舰"吉野"首先发炮攻击中国军舰，以不宣而战的卑劣方式，挑起了战端。中国军舰随即不得不被迫发炮予以还击。

这是一场实力差距较大的海上遭遇战。日本军舰在数量、吨位、航速、火炮等方面均占有明显的优势。战斗持续进行约1小时20分，"济远"和"广乙"被击伤，"广乙"舰退驶至朝鲜十八岛海域搁浅自沉。日军舰队在追击"济远"舰时，发现后续朝丰岛方向驶来的英国"高升"号运兵商船和运送军械饷银的"操江"号运输舰。日军当即由高航速的"吉野"舰继续追击"济远"，由"浪速"和

北洋海军"济远"号巡洋舰。该舰在北洋海军覆灭时被日军俘获，后被编入日本海军参加1904年爆发的日俄战争，最终因触水雷沉没在旅顺口军港外南侧的羊头洼海域。

"秋津洲"两舰来对付"高升"和"操江"。狂奔的"济远"舰用尾炮击伤在后方紧追不舍的"吉野"舰，迫使其不得不放弃追击行动。"操江"舰被日军"秋津洲"舰俘获，而"高升"号运兵船的结局则是悲惨而壮烈的。

被中国租用运兵的英国商船"高升"号载有清朝陆军部队950人；英籍船长高惠悌"坚信该船为英国船，又挂英国旗，足以保护它免受一切敌对行为"。日本海军大佐东乡平八郎驾驶"浪速"号巡洋舰驶近"高升"号的舷侧，用炮口迫使其停舵，并要求该船随日舰航驶以俘获之。"高升"号上的清军官兵宁死不肯降敌，东乡平八郎大为恼怒，命令发炮将其击沉。在"高升"号倾斜沉没的过程中，船上的清军官兵临危不惧，视死如归，使用步枪射击日舰。船沉后，穷凶极恶的日本水兵驾驶小艇在海上捕杀毫无抵抗能力的清军官兵。在这种野蛮的海盗行径下，"高升"号上800多名官兵壮烈殉国，仅有少数人侥幸逃生。

中日甲午战争的大幕，就此从朝鲜丰岛海域拉开了。

日本海军在丰岛海域胆敢击沉英国商船，李鸿章和清政府高层都认为日本就此开罪了威名显赫的大英帝国，中国马上就可以不用费力得到一个强大的同盟者。的确，当时英国是中国最大的贸易伙伴（占中国进出口份额约达七成），"高升"号被击沉引得英国舆论一片哗然，英国军方也主张对日本实施军事报复行动。

日本政府得悉英国国内的舆情之后也非常害怕，首相伊藤博文立即命令专门研究国际法的法制局启动紧急危机公关行动。外相陆奥宗光立即约见英国驻日本临时代理公使巴健特，告知日本政府将迅速进行详细调查，保证"如果日本军舰错打了英国船，日本将赔偿全部损

日本"浪速"号巡洋舰舰长东乡平八郎海军大佐。后于1905年指挥日本海军联合舰队在对马海峡全歼俄罗斯海军舰队而名扬世界，1913年获赐帝国元帅称号。

失"。日本驻英国公使青木周藏也接到指示，向英国外交大臣金伯利表示自己暂不清楚日本海军击沉之船是否属于英国，承诺立即开展调查工作，一旦查清楚责任在日本海军，日本政府绝对会承担全部责任，在第一时间就比较顺利地安抚了英国政府的激烈反应。

与此同时，堂堂的日本内阁居然开会研究决定向英国有关方面行贿，外务省指示驻英公使青木周藏向路透社等英国有影响力的媒体先后行贿 1600 英镑（约合现在 320 多万人民币）。另外，日方还经过苦心公关，收买英国多名国际法专家在《泰晤士报》上发表文章，为日本海军的行为进行辩护和开脱。结果在当年 11 月，英国法院做出最后裁定：英国商船"高升"号被击沉一事，日本海军没有过错和责任；中国政府要向英国方面赔偿一切损失。由此可见，日本政府依凭极高的近代国家及国际法意识和各种公关操作手段，得以成功化解紧急国际危机。而愚昧昏聩的晚清政府真是犹如"吃了黄连的哑巴"，不仅眼睁睁地输掉了一场本来不难打赢的国际官司，而且丧失了一次国际结盟对付日本的重要机会。

第三节　陆军初战成欢驿

　　日军大本营在决定挑起对华战争时，决定采取的是海陆并举，双管齐下的方针。

　　就在丰岛海战打响的 7 月 25 日当天，由陆军少将大岛义昌指挥的日本陆军混成旅团，也从朝鲜汉城的龙山驻扎地携带重炮等辎重出发，南下进攻驻扎于牙山的清军。日军在行军途中派出的骑兵分队侦知清军主力已移驻位于牙山东北方向的成欢驿，大岛义昌当即改变原定作战行动计划，遂转兵直扑成欢驿。

　　成欢驿位于朝鲜忠清道平泽县东南和稷山县西北，地处交通要冲，有两条驿道在此交会通过：一条是由汉城至天安、公州的南北大道；另一条是从稷山通往牙山的东西驿道。成欢驿东西有高山丘陵环绕，地势易守难攻。早前移师至此的清军太原镇总兵聂士成部等 3000 人准备在此择险防守，扼制日军南进。清军的防御部署是：左翼牛歇里一线系主防御阵地，在山顶配属有炮兵部队；右翼月峰山及成欢街道一线的阵地，防守兵力相对较为薄弱。

7月28日夜，日军混成旅团兵分两路，对驻守成欢驿地区的清军部队发起攻击。旅团长大岛义昌少将亲自指挥由9个步兵中队、1个炮兵中队及1支骑兵组成的左翼主攻部队，由东进行迂回，进攻清军右翼阵地；武田秀山中佐率领由4个步兵中队和1个工兵中队组成的右翼佯攻部队，沿汉城至公州大道的方向出击，意图是牵制清军的注意力。

战斗在29日拂晓前开始打响。日军攻势异常凶猛，战况甚为激烈。日军战史资料记述道："炮烟掩蔽成欢丘陵的北方一带，轰轰的枪炮声响震天动地"，在交战地带上空飞驰的炮弹如同"流星万道，横飞半空，其声飙然"。清军的抗击行动也十分顽强，总兵聂士成在战斗中身先士卒，"驰骤枪林弹雨中，往来策应"，众官兵也同仇敌忾，毫无惧色。经过一整夜的鏖战，装备精良的日军在次日拂晓逐步攻破清军左、右两个防御阵地；聂士成被迫率清军余部取道公州向北败退。

成欢驿之战，是甲午战争正式宣战前，中日两国军队继丰岛海战之后的第二次交战，也是中日两国陆军部队进行的第一次正面交锋。此战的结果是，拥有精良装备的4000人日军部队在进攻作战中战胜了3000人的清军部队。

清军在成欢驿与日本陆军初次交战的失败，使日军达到了将清军部队逐出牙山地区的战役目的，进而使其开始在朝鲜半岛掌握有利的作战态势。清朝海陆军分别在丰岛海域和成欢驿与日本海陆军的首次交战中失败，虽未造成重大兵力和武备损失，但却对两国军队的心理即作战士气产生了一定的影响。初次交战的两次得手，使日本海陆军的侵略气焰更加嚣张。他们立即着手要进一步扩大战争规模。

此时，战争已实际打响，和平解决中日两国之间争端的希望已荡然无存。1894 年 8 月 1 日，中国清朝政府正式向日本宣战；同日，日本天皇也下诏对中国宣战。具有重大历史地位和深刻长远意义的中日甲午战争，由此正式全面爆发了。

第五章

烽火硝烟蔽陆海

"1894 年，日本对中国不宣而战。由于敌对各方为海所隔，这就在相当大的程度上决定了海军在这场战争中的最为重要的作用。"

"中日甲午战争显示出：在重新瓜分世界的日益复杂的斗争中，海军在达成国家种种政治目的上起着特别重大的作用。"

——苏联海军总司令谢·格·戈尔什科夫元帅

第一节　中日陆军血战平壤

中日两国政府正式互相宣战后，清朝政府为增援先期入朝之清军，先后调遣宁夏镇总兵卫汝贵部盛军、太原镇总兵马玉昆部毅军、广东高州镇总兵左宝贵部奉军、镶白旗护军统领丰升阿部练军开赴朝鲜；四支大军合计 29 个营共 14000 人，于 1894 年 8 月上旬的酷暑之中相继抵达平壤。8 月下旬，直隶提督叶志超和太原镇总兵聂士成率残兵由牙山地区败退至平壤，使平壤清军兵力接近 18000 人。叶志超谎报清军获得牙山大捷而被清廷予以明令嘉奖，并被任命为驻扎平壤地区清军部队的总指挥。但这位总指挥毫无斗志且庸劣无能，既不率军南下进攻，也不认真布置平壤防务，每天酒宴欢乐，坐待日军来犯。

日军大本营则开始加快战争行动的节奏。在宣战的次日即 8 月 2 日，日军大本营命令海军联合舰队出海搜寻，尽快歼灭中国海军北洋舰队。在获悉中国派兵增援平壤并可能相机挥兵南下之后，日军大本营于 8 月 14 日召开作战会议,根据联合舰队尚未并且难以尽快寻得战机与北洋舰队进行海上决战的情况,确定年内已无法如期实现直隶平原陆军决战的原定作战计划,遂重新制定冬季作战方案:增派陆军第三师团赴朝鲜,并与已在汉城附近集结的第五师团合编为第一军,任命枢密院议长山县有朋大将为第一军司令官,执行北攻平壤并将清军逐出朝鲜半岛的作战任务;同时准备组建第二军,以待机进攻中国辽东半岛,为而后实施直隶平原决战,建立前进基地。

为便于统筹指挥战争,日本政府于 9 月 15 日将日军大本营从东京迁至广岛;随后,明治天皇睦仁抵达广岛,亲自主持指挥对华侵略战争。在海军联合舰队护送下,新上任的第一军司令官山县有朋大将率部队分乘 38 艘运兵船,于 12 日到达朝鲜仁川。

9 月上旬,日本第一军以第五师团和第三师团之一部共 15000 兵力,分四路向平壤方向进发。13 日,日军部队抵近平壤近郊,并迅速展开兵力,达成对平壤清军分进合击的战役态势,并切断了清军北退义州(今新义州)的后路。

有"箕城"和"王俭城"之称的平壤,曾是朝鲜的旧都,时为平安道首府。它北通义州,南达汉城,东趋元山,西南通大同江口,是朝鲜半岛北部的水陆交通枢纽,号称朝鲜八道的"第一雄镇"。这里山环水抱,地势险峻,城倚山崖而建,墙垣高大壮阔,是所谓"一夫堪拒万夫攀"的易守难攻的战略要地。清军在此实施的是分区驻防部署:城北方面,由左宝贵部奉军和丰升阿部练军防守;城西方面,由原叶志超部(牙山军)防守;城南方面,由卫汝贵部盛军和毅军之一部防守;城东南大同江东岸方面(有浮桥沟通两岸)由马玉昆部毅军防守;清军总指挥叶志超坐镇城内,居中调度。

9 月 14 日,日军攻占平壤城北的山地制高点,形成对平壤城的四面合围之势。当晚，清军总指挥叶志超主张弃城撤退；总兵左宝贵坚决反对，并派亲兵予以监视，防止他逃跑。

9月15日凌晨，日军重兵开始对驻守平壤城的清军部队发起总攻击行动，激战在三个战场同时展开。

大岛义昌少将指挥混成第九旅团兵分三路，进攻扼守大同江东岸的清军马玉昆部毅军。在大同江南岸的船桥里，交战双方进行了激烈的火炮对射和白刃格斗。日军战史记载："敌人似亦早有准备，激烈应战，不遗余力。硝烟蔽天，炮声震地"，清军"频频发射之连铳子弹掠过树枝头，恰如疾风扫落叶一般"。日军进攻部队在开阔地带毫无遮蔽，被清军炮火造成重大伤亡。驻守大同江口桥头堡的清军官兵甚至还一度组织发起反冲锋行动，与日军进行阵前白刃搏斗。

日军混成第九旅团在付出了"将校以下死者约140名，伤者约290名"的惨重代价后，也未能攻占清军的防御阵地。战至午后13时许，负伤的旅团长大岛义昌少将，不得不命令部队撤离战场。后来，日本诗人杉浦梅潭曾这样描绘了日军此次战斗的失败场景："霜惨烈，风萧索，吾军衔枚乘暗斫。平壤壁，大同江，古来天险称无双。土器店头砦栅固，炮雷迸裂弹雨注。蹀血登，蹈尸进，白日黯，山河腥，此役不克旗下死，呜呼苦战船桥里。"

野津道贯中将指挥的日军第五师团本队，则从平壤西南方向的山川洞进攻清军卫汝贵部盛军的防御阵地。清军顽强抵抗，并实施反冲锋，多次挫败日军的进攻行动。战斗处于胶着状态后，日军部队停止攻击行动，以图翌日再战。

日军元山支队和朔宁支队共7000兵力对平壤城北面牡丹台和玄武门一线的进攻，是日军重兵的主攻方向，这里的战斗最为激烈。日军战史记述道："四处如天崩地塌，满空似落雁飞蝗，日月无光，山川改色，鸟望烟遁迹，兽闻响而潜踪。惨雾濛濛，愁云密密互相混战，草木皆红。"

9月15日拂晓，在猛烈的炮火掩护下，日军第三师团第十八联队联队长佐藤正大佐指挥4700人编成的元山支队，首先集中兵力攻占平壤城北的制高点牡丹台。与此同时，日军第十旅团旅团长立见尚文少将指挥2400人编成的朔宁支队，相继攻占牡丹台外侧的4座清军防御堡垒。上午8时许，日军元山支队和朔宁支队合兵一处，从东、北、西三个方向包抄牡丹台制高点，开始对驻守牡丹台的清军部队实施三面合击行动。

位于城北玄武门外的牡丹台是平壤城的制高点。它"垒壁高五丈，炮座完备，掩蔽坚固"，"据全城形胜"。驻守牡丹台的是号称清军精锐的广东高州镇总兵左宝贵指挥的奉军。

在玄武门上指挥作战的左宝贵看见牡丹台阵地失守，知道大势难以挽回，决心率部死战殉国。他在暑热中特意穿上御赐的黄马褂，登临玄武门上的前敌阵地，向官兵进行战前动员："我辈厚禄重饷，安食数十年。今彼倭失约背盟，恃强侵犯，正宜名愤忠义，扫尽边氛，上纾九重东顾之忧，下救万民西奔之苦，社稷安危，兆在斯时。进则定受异常之赏，退则加以不测之罚。我身当前，尔等继至，富贵功名，彼此共之"。左宝贵在城头阵地上亲自36次点燃大炮轰击敌军，清军官兵大为感奋，同心御敌。11时许，带伤坚持在火线参战的左宝贵不幸中炮阵亡；清军士气大挫，玄武门遂即失守。清军总指挥叶志超贪生怯战，随即悬白旗乞降，并下令撤军。当晚，叶志超率平壤守军在黑夜掩护下仓皇逃出平壤，半途又遭日军截击而伤亡甚多；后几经败退，于24日退过鸭绿江。

左宝贵，是甲午战争中第一位阵亡于战场的清军高级将领。这位出生于山东费城地方镇（今属平邑县）的回族勇士是行伍出身，因功逐级升任广东高州镇总兵（仍留驻奉天）。他平时"治军严肃，重文士，爱材勇，有奇技异能者，辄罗之麾下，功不吝赏，罚不私刑，士乐为用"。他在玄武门激战之中身先士卒，部下某营官杨某欲挽他下城头避险，被他以怒掌击开。他还亲自燃放大炮轰击日军，负伤后仍坚持不下火线，直至壮烈捐躯。左宝贵牺牲后，光绪皇帝谕令准照提督阵亡例从优议恤，悉数开复其任内一切处分，追赠太子少保衔，予谥"忠壮"，并加恩入祀昭忠祠，宣付国史馆立传。

甲午战争中第一位英勇牺牲在前敌战场的清军高级将领左宝贵

甲午战争后，奉天民众在盛京（今沈阳）南门外为左宝贵修建祠堂，春秋致祭不衰；朝鲜百姓也在他战死之地修建纪念石碑，并传颂他的英勇抗日故事。

清军在平壤失守后败退回鸭绿江中国境内；日本陆军部队很快就达成对朝鲜全境的占领。接下来的战火，势将无情地进一步蔓延到中国境内。

第二节　中日海军决战黄海

　　本来，在甲午战争爆发之前，日本军政当局认为中国海军实力强于日本海军，因此"预料陆战可操胜券，但对海战的胜败如何尚抱疑虑"。1894 年 7 月 25 日，日本海军联合舰队第一游击队在朝鲜丰岛海域偷袭中国运兵舰船得手后，日本海军官兵士气上升，增强了战胜中国海军的信心。此后，日本海军联合舰队先后 4 次护送运兵船队，向朝鲜增送陆军 28000 名士兵、4000 名随军民夫和 4300 余匹战马及大批辎重物资，并根据日军大本营的作战训令，多次侵入中国黄海西部海域，甚至一度逼近威海卫军港和旅顺口军港，企图寻找中国海军北洋舰队进行海上决战。

　　中国海军北洋舰队在丰岛初战中，仅是略有损失，而全舰队的整体作战能力并没有受到多少影响。此后一个月里，北洋舰队曾数次奉命出海巡弋，都未遇日本海军联合舰队而匆匆返回。随着日本陆军不断增兵开赴朝鲜，并将其朝鲜的作战战场北移至平壤地区；驻守平壤的清朝陆军总指挥叶志超频频向国内求援。

9月上旬，鉴于朝鲜平壤局势日趋危急，清政府决定再调援兵赴朝鲜。驻防大连湾的淮军提督刘盛休部铭军12个营6000人奉命充做援军。由于从海上直接通向朝鲜西海岸的航线已被日本海军切断，且取道陆路赴朝鲜的行程太远而难以济急，清政府决定由大连湾取海路，先将赴朝援军运送到鸭绿江口外的大东沟登陆上岸，然后再转从陆路南下驰援日益告急的平壤。

为确保海上运兵船队的安全，李鸿章命令北洋舰队提督丁汝昌率领舰队主力编队予以海上护航。9月15日上午，丁汝昌率北洋舰队主力由威海卫驶抵大连湾（实际上日军已于此时向驻守平壤的清军发起总攻击行动，但清政府尚不知情）。16日凌晨2时，赴朝援军部队分乘轮船招商局的5艘轮船在北洋舰队护卫下启航，于午后驶抵鸭绿江口外的大东沟（此时平壤已经失守）。北洋舰队在鸭绿江大东沟口外12海里处锚泊警戒；运兵船只驶入鸭绿江口内不远处立即起卸上岸，连夜全部登陆完毕。

17日晨，仲秋的大东沟海域天气晴朗，风平浪静，朝霞映照着海面，散泛着耀眼金黄色的细微波纹。此时在北洋舰队担任"镇远"号铁甲舰副管驾的前美国海军少校马吉芬在日记中记述道：自丰岛海战后的数周以来，舰队官兵渴望与日本海军进行决战，"以雪'广乙'、'高升'之耻，士气旺盛，莫可名状"。上午9时，锚泊在大东沟口外的北洋舰队开始进行一小时的常操训练。10时30分，厨房正在准备午餐，操练完毕的北洋舰队正欲起锚返航，突然发现日本海军联合舰队从西南方向的海域气势汹汹地直扑过来。丁汝昌当即命令舰队各舰起锚迎敌。其作战编成情况如下。

中国北洋舰队黄海海战作战编成简表

舰 名	舰 种	排水量（吨）	航 速（节）	主要武器 火炮	主要武器 鱼雷管	管 带
定远	铁甲舰	7335	14.5	22	3	右翼总兵刘步蟾
镇远	铁甲舰	7335	14.5	22	3	左翼总兵林泰曾
致远	巡洋舰	2300	18	23	4	副将邓世昌
靖远	巡洋舰	2300	18	23	4	副将叶祖珪
经远	巡洋舰	2900	15.5	17	4	副将林永升
来远	巡洋舰	2900	15.5	14	4	副将邱宝仁
济远	巡洋舰	2300	15	18	4	副将方伯谦
广甲	巡洋舰	1296	15	10	0	都司吴敬荣
超勇	巡洋舰	1350	15	12	0	参将黄建勋
扬威	巡洋舰	1350	15	12	0	参将林履中
平远	巡洋舰	2100	11	11	1	都司李和
广丙	巡洋舰	1000	17	11	0	都司程璧光
镇南	炮艇	440	8	5	0	游记蓝建枢
镇中	炮艇	440	8	5	0	都司林文彬
福龙	鱼雷艇	115	23	2	2	都司蔡廷干
左队一号	鱼雷艇	108	24	6	3	守备李仕元
右队二号	鱼雷艇	108	18	2	2	守备刘芳圃
右队三号	鱼雷艇	108	18	2	2	守备曹保赏

日本海军联合舰队在9月14日就驶往朝鲜大同江口而未发现中国海军北洋舰队。16日，联合舰队司令长官伊东祐亨海军中将在接到有关北洋舰队行踪的最新情报后，随即率联合舰

日本海军联合舰队司令长官伊东祐亨海军中将，战后晋升为海军军令部长。1904年日俄战争时出任战时大本营海军参谋长，后晋升为海军元帅。

队主力编队于 17 时出航驶往黄海海洋岛方向；日本海军军令部长桦山资纪海军中将亦乘坐由商船改建的代用巡洋舰"西京丸"号随行观战。17 日黎明前，联合舰队驶抵距大东沟海域西南方向的海洋岛，并向大东沟海域方向派出侦察船只。此时，日本联合舰队尚未探明北洋舰队的确切位置，而北洋舰队对日本联合舰队的逐渐逼近则一无所知。就这样，中日海军的两支主力舰队在不知不觉中慢慢接近，一场狭路相逢的大规模海上遭遇恶战，势所难免！

日本联合舰队黄海海战作战编成简表

舰 名	舰 种	排水量 （吨）	航速 （节）	主要武器		舰　　长
				火炮	鱼雷管	
松 岛	海防舰	4278	16	29	4	海军大佐尾木知道
严 岛	海防舰	4278	16	31	4	海军大佐横尾道昱
桥 立	海防舰	4278	16	20	4	海军大佐日高壮之丞
扶 桑	巡洋舰	3777	13	21	2	海军大佐新井有贯
千代田	巡洋舰	2439	19	27	3	海军大佐内田正敏
比 睿	巡洋舰	2284	13.2	18	2	海军少佐樱井规矩之左右
赤 城	炮舰	622	10.25	10	0	海军少佐坂元八郎太
西京丸	代用巡洋舰	4100	15	4	0	海军少佐鹿野勇之进
吉 野	巡洋舰	4216	22.5	34	5	海军大佐河原要一
高千穗	巡洋舰	3709	18	24	4	海军大佐野村贞
秋津洲	巡洋舰	3150	19	26	4	海军少佐上村彦之丞
浪 速	巡洋舰	3709	18	24	4	海军大佐东乡平八郎

　　注：联合舰队的吉野、高千穗、秋津洲、浪速四舰编为第一游击队；其余舰只编为本队。

黄海海战中日双方舰队实力对比简表

国别	参战军舰		总吨位 （吨）	编队航速 （节）	鱼雷管	火　炮			鱼雷艇
	装甲	非装甲				总数	210MM 口径以上	200MM 口径以下	
中国	5	7	34466	14.5	27	195	23	172	2
日本	3	9	40840	10.2	36	268	11	257	0

　　注：航速 1 节＝1 海里 / 小时＝1852 米 / 小时

初始，北洋舰队主力编队的 10 艘军舰列作外观上似于"双列纵队"的"五叠雁行小队阵"（参见第 108 页附图），向联合舰队方向运动。在接近敌方舰队的过程中，提督丁汝昌在旗舰"定远"号上发出指令，命令全舰队改列成"一字雁行阵"（横队）；由于种种因素的干扰，北洋舰队在开战击敌时的阵形，并没有能够形成整齐划一的横队（参见第 109 页附图）。在战斗打响之前，丁汝昌向全舰队各舰下达了三条作战训令：

1．舰型同一诸舰，须协同动作，互相援助；

2．始终以舰首对敌，借保持其位置，而为基本战术；

3．诸舰务于可能范围之内，随同旗舰运动。

为克服编队内各舰航速相差悬殊较大的弱点，日本联合舰队的 12 艘军舰则是分列为两个战术分队：以航速较高的"吉野""高千穗""秋津洲""浪速"4 舰作为第一游击队以充尖刀利刃之用；其余 8 舰作为本队，以单列纵队在第一游击队之后方鱼贯跟进。此刻，海面上波澜不惊，呈现出死一般的寂静，只有两支庞大舰队上空的滚滚浓烈黑烟在和着舰船蒸汽轮机的低沉节拍在徐徐升腾，预示着一场可怕的海上搏杀即将开始。

当双方舰队相距 12000 米时，日本联合舰队稍稍向左变换航向，向北洋舰队横列队形的右翼接近。12 时 50 分许，当双方距离大约 5500 米时，北洋舰队旗舰"定远"305 毫米的大口径前主炮一声怒吼，打破了交战前可怕的寂静；其余各舰亦随之相继开炮，世界近代史上一场规模罕见的大海战，在黄海北部大鹿岛西南海域就此打响了。

海战刚打响不久，两军交战的第一轮炮火就使"定远"舰飞桥被击垮。正在飞桥上指挥战斗的提督丁汝昌坠落到甲板上，左腿被坠落重物夹得无法动弹而右脸及脖颈被重度灼伤。他坚持坐在甲板上鼓励水兵们拼战。右翼总兵兼"定远"舰管带刘步蟾代其实施指挥。不久，"定远"舰上的信号旗语装置又被日舰炮火击毁，北洋舰队由此失去了统一的战场指挥。而日本联合舰队第一游击队则高速扑向北洋舰队右翼的弱舰"超勇"和"扬威"，迅速将此2舰击沉。联合舰队的两个战术分队继而分别向左后、右后方向转向，对一字横列排开而左、右两端无法兼顾互济的北洋舰队实施穿插和包抄，使北洋舰队陷入腹背受敌的不利局势之中。

在激烈的海上角逐中，北洋舰队巡洋舰"致远"多处中弹受伤，

作为蒸汽铁甲舰队时代第一次大规模交战的黄海海战，是世界海战史上规模最大的海战之一。黄海海战的过程和结局，对此后的世界海军装备发展产生了重要影响。

舰身倾斜且弹药用尽。管带邓世昌看到日军快速巡洋舰"吉野"张牙舞爪十分猖狂，当即断然命令"致远"舰开足马力，要用舰首的冲角去撞击"吉野"，欲与之同归于尽。"吉野"舰见势不妙，急

忙转向以规避逃窜，并发射鱼雷自卫。"致远"舰不幸被"吉野"舰发射的炮火击中，锅炉发生大爆炸，舰体破裂下沉。邓世昌坠落海中，水兵们前来相救，他养的爱犬也游至其身边，口衔其发辫奋力救援。但邓世昌早已立下誓言，要与战舰共存亡，遂捺犬首于水中，自己也沉入波涛之下，壮烈殉国，时年仅46岁；全舰250余名官兵除27人获救生还外，亦一同牺牲。

邓世昌（1849—1894），字正卿，出生于广东番禺（今属广州市海珠区），福州船政学堂驾驶班首届毕业生，成绩优异，为人刚直不阿而治军精勤，对部下赏罚公平，深得舰上官兵的敬重和拥戴。1874年起，在福建水师先后担任"琛航"运输舰大副、"海东云"炮舰管带、"振威"炮舰管带和"扬武"巡洋舰代理管驾，在日军出兵入侵台湾时奉命扼守澎湖、基隆等要塞，因功受到擢升。1880年因表现优异被选调到北洋差遣，曾两度随丁汝昌赴英国和德国接驶中国订造的新军舰

在黄海海战中壮烈捐躯的
"致远"舰管带邓世昌

回国。先后担任"飞霆"炮舰管带、"镇南"炮舰管带、"扬威"巡洋舰管带、"致远"巡洋舰管带等职。1882年朝鲜发生内乱，日本乘机进行军事干涉，浙江提督吴长庆奉派率师东渡援朝，邓世昌随丁汝昌驾舰护航，终于挫败日本的侵朝图谋，因功获赏"勃勇巴图鲁"勇号。1891年，因在海军检阅演习中表现出众，获赏换"葛尔萨巴图鲁"勇号。

甲午战争爆发后，邓世昌多次向官兵们表明自己誓死战斗的坚强决心："设有不测，誓与日舰同沉"。在黄海海战中，他用生命实践了自己的报国壮志。邓世昌在海战中英勇牺牲的壮举传至紫禁城，年轻的光绪皇帝大受感动，当即亲笔手书挽联"此

治军威严的邓世昌（图中双手叉握者）生前在舰上与官兵合影。

日漫挥天下泪，有公足壮海军威"，并破例赐予他"壮节"谥号，尽优治丧。甲午战争结束后，山东民众自发集资在荣成的成山头始皇庙为邓世昌塑像并修建祠堂，每年都举行专门的祭祀活动。

"致远"舰沉没后，"经远"巡洋舰也多处中弹起火，管带林永升誓死拼战，不幸头部中弹阵亡，全舰250余名官兵也与舰同沉大海。而北洋舰队的核心作战力量"定远"和"镇远"2艘铁甲巨舰，更是遭到日本联合舰队多艘军舰的重点围攻，战斗异常艰苦。当时在"镇远"舰上参战的美国人马吉芬记述道："炮手某，正于瞄准之际，忽来敌弹一发，炮手头颅遂为之掠夺爆碎，头骨片片飞扬，波及附近人员，而其他炮手等毫无惊惧，即将其尸体移开，另以一人处补照准，继续射击。"与此同时，"来远"和"靖远"2舰亦受伤多处，仍全力苦战。

战至15时30分许，"定远"舰305毫米大口径主炮一发巨弹击中日本联合舰队旗舰"松岛"右舷下甲板第4号炮位，引起弹药

堆大爆炸，日方在战后出版的《日清战史》记述道：该舰"刹时如百电千雷崩裂，发出凄惨绝寰之巨响。俄而剧烈震荡，船体倾斜。烈火百道，焰焰烛火；白烟茫茫，笼蔽沧海，死伤达84人。死尸纷纷，或飞坠海底，或散乱甲板，骨碎血溢，异臭扑鼻，其惨瞻殆不可言状。俄而大火蔓延舰体，火灾大作，烟焰蔽天，宛然一片火海"。日方战后出版的《黄海大海战》一书，特别描绘出"松岛"舰此刻的这一惨状："头、手、足、肠等到处散乱着，脸和脊背被砸烂得难以分辨。负伤者或俯或仰或侧卧其间。从他们身上渗出鲜血，粘糊糊地向船体倾斜方向流去。滴着鲜血而微微颤抖的肉片，固着在炮身和门上，尚未冷却，散发着体温的热气。此情此景，已经使人惨不忍睹。但更为凄惨的，是那些断骨，已无皮肉，好像火葬场火化后拾到的白骨。"日方战史记载，"松岛"舰遭此巨弹一击，官兵死伤达"一百一十三人，占定员人数的百分之三十二"，因为炮手几乎死伤殆尽，司令官伊东祐亨只得命令将军乐队员拉上炮位来凑数。《日清战史》记述："薄暮冥冥，苍烟锁海，云涛杳渺，满目惨然。司令长官伊东中将以'松岛'不堪任战，率幕僚将旗舰移到'桥立'舰上"。

当"定远"和"镇远"2艘铁甲舰与5艘日舰死死鏖战之际，北洋舰队的"来远"和"靖远"2舰也在与日军第一游击队的4艘快速巡洋舰进行着殊死的搏杀，分散了联合舰队对"定远"和"镇远"2舰的围攻压力。

战斗进行到17时30分左右，眼见天色开始渐暗，日本联合舰队司令长官伊东祐亨主动命令收队撤离战场，向东南方向驶去。"靖远"舰管带叶祖珪随即主动升旗集队，稍事追击后也驶往旅顺口军港方向。至此，历时近五个小时的海上残酷大绞杀宣告结束。

第三节　历史检讨之一：
北洋舰队严重失误的战术运用

　　1894年9月17日发生在黄海北部大鹿岛以南海域的黄海海战，作为蒸汽铁甲舰队时代的第一次大规模交战，也是世界海战史上规模最大的海战之一。在这场战役规模的海上激战中，中日海军两支舰队参战的军舰各是12艘，大致是势均力敌的。经过约五小时的海上鏖战，中国海军北洋舰队被击沉或击毁军舰5艘，被击伤军舰4艘；而日本海军联合舰队仅被击伤军舰5艘，未失1舰。这一结果，与双方舰队的军舰实力之间是大大不成比例的，非常值得进行一番深入的剖析和探讨。

　　北洋舰队在黄海海战中受创的原因固然是多方面的，而其中特别重要的一条原因，就是丁汝昌在临敌指挥即临阵战术运用上的严重失误。其严重失误之一是采用了错误的阵法和战法；二是造成了战场指挥的中断。

　　海军舰队或舰艇编队进行海上的阵法和战法，就是其进行海战的战斗队形和战术（详情见本书附录一：近代海军作战的阵法与战法）。海战中的阵法和战法是否运用得当，直接关系到海战的成败。我们不妨对北洋舰队在黄海海战中的情况，做深入一步的剖析和检讨。

北洋舰队在黄海海战中的阵法即战斗队形，是一个存在较大争议的问题。据中外有关史料的记载以及对这些史料的考查，有据可证的史实是，北洋舰队返航的队形是"十舰五叠雁行阵"，即先行的10艘军舰分为5个小队，每小队2舰，各成一字雁行阵；"平远"和"广丙"及4艘鱼雷艇，在右翼之后方跟进。全队在前进中，由于受航速、潮流、风向等因素的影响，各小队的队列角（编队内基准舰首尾线与队列线之间的夹角）和队列线（编队内基准舰指挥台所在点起始的联结队列中各舰指挥台所在点的线），虽有可能不会保持得非常整齐划一，但各小队之两艘军舰是左右排列，这是不争的事实。

过去的史学著作，一般都把北洋舰队初始的返航队形称作"双行鱼贯阵"。这是一个似是而非的叫法。因为"十舰双行鱼贯阵"必须是由各自5舰的2个小队所组成，而北洋舰队返航时并没有编成这样的2个5舰小队。所以尽管从排列上看，北洋舰队返航时的队形的确看上去也是与"双行鱼贯阵"雷同，但它却只能是"十舰五叠雁行阵"，这是由5个2舰小队的编成情况所决定的。

关于北洋舰队迎战接敌时的队形，中日双方都有资料载明，且日方资料《近世帝国海军史要》和《近世海战史》中标绘有具体的战斗经过图。当时的情况是，北洋舰队列成单横阵即"一字雁行阵"，其序自右向左为："扬威""超勇""靖远"（应为"经远"）、"来远""镇远""定远""经远"（应为"靖远"）、"致远""广甲"和"济远"。十分明显，北洋舰队由鸭绿江口启航后的"五叠雁行阵"

改列为一字雁行阵，其后四叠军舰必须分别向左、右两翼实施机动占位，这就必定需要一个相应的机动过程。在这个变阵的过程中，全队的队形在外观上就自然会形成类似"燕翦阵"（即"人"字队形）或"鹰扬双翼阵"等变化中的过度形状；最后，由于"超勇""扬威"和"济远"等速度较慢且又要占据两翼末端之军舰的自然落后，全队就形成了略呈弧形的"一字雁行阵"，此时，海上战斗已经打响。同上原因，又加上是战斗过程中的机动，造成各小队的队列角、队列线和航速不可能保持整齐划一，但各小队两艘军舰之间和各小队之间均是左右排列。这也是无法否认的事实。

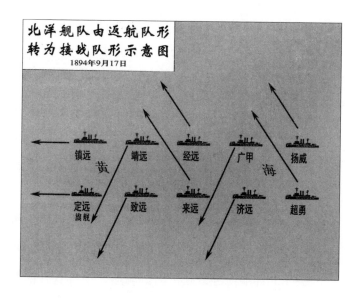

过去有的论著,将北洋舰队的返航队形称为"犄角鱼贯小队阵",将迎战接敌队形称为"犄角雁行小队阵",显然更加欠妥。这是因为"犄角阵"必须由以3舰编成的小队才能采用。北洋舰队在此是以舰型同一的2艘姊妹舰编为小队的,因此也就无法列成小队的"犄角阵"；既然没有小队的"犄角阵"，因此就绝不可能列成全队的"犄角鱼贯小队阵"或"犄角雁行小队阵"。

北洋舰队的迎战接敌队形是略呈弧形的一字雁形阵（如本页附图所示），而丁汝昌在临战前发布的作战训令是："（1）舰型同一诸舰，须协同动作，互相援助；（2）始终以舰首为敌，借保持其位置而为基本战术；（3）诸舰务于可能范围之内，随同旗舰运动之"。丁汝昌的这三条战场指令，可以被视为北洋海军在黄海海战中采用的战法准则即战术原则，对黄海海战的进程与结局产生了重要的影响。

我们不难清楚地看到，北洋海军是以"舰首向敌"的横队来进行黄海海战的。丁汝昌上述三条训令中的第一条，是要求相邻的同型姊妹舰保持队形不散而互相照应，以利战斗；第三条是要求各舰视旗舰"定远"之运动而运动；这两条训令虽然不够具体，但尚不失其可行性。关键是其第二条训令"始终以舰首向敌"再加上所排列的横队，实在是带有致命的错误。

过去出版的为数众多的甲午战争史著作，

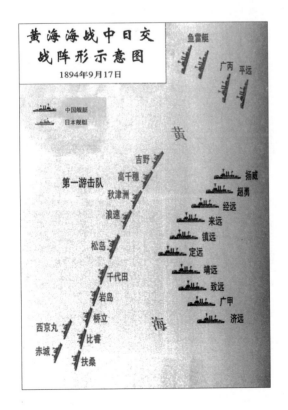

黄海海战中日交战阵形示意图
1894年9月17日

中国舰艇
日本舰艇

黄

海

鱼雷艇
广丙 平远

第一游击队
吉野
高千穗
秋津洲
浪速
松岛
千代田
岩岛
桥立
西京丸 比睿
赤城 扶桑

扬威
超勇
经远
来远
镇远
定远
靖远
致远
广甲
济远

论者们都对丁汝昌的"始终以舰首向敌"战术持肯定的评价；理由是这一战术可使北洋舰队诸舰舰首的重炮火力得到充分发挥。但是，恰恰是"始终以舰首向敌"的战术带有致命的错误，从而给全舰队招致了严重的恶果。因为这一战术违背了近代海军作战中舰队或舰艇编队行动的基本规律。

"海上战斗与陆上战斗最显著的区别之一，是没有像陆地上那样复杂的地形条件可被利用来进行有效的防御作战和进攻作战。在海上战斗中，交战双方兵力兵器和兵力行动的隐蔽性都不如陆上作战，较难隐蔽己方的战斗企图。因此，交战的双方都必须通过兵力兵器的高度机动来夺取战场上的主动权"。在以舰炮为主要武器的海战时代，海军舰队或舰艇编队（单舰亦同）的海战中的战术，就是正确地实施机动和适时地集中火力相结合，即是机动与火力的有机结合。只有这样，才能有效地保障己方在交战中始终处于有利态势并占据有利阵位，充分发挥己方舰队的整体攻击力而克敌制胜。这是当时海战战术的规律。海战的实践多次表明：以舰炮为主要攻击武器的舰队和舰艇编队在实施攻击时，其最有效的阵法是鱼贯阵（现代海军军语称"纵队"）；最有效的战法就是机动战术。这是由当时军舰的战术技术性能和海战的特点所决定的。

首先，纵队便于灵活实施海上机动。舰队或舰艇编队在海战中采用纵队时，不论要转向或做别的机动，全队以旗舰或基准舰为准，依次鱼贯跟进，行动很方便，便于运用机动战术、保持战斗队形和采取协同动作。如果采用梯次队形，在做转向或做别的机动时，各舰就必须各自以相应的航速和转向速度进行机动，这对于运用机动战术、保持战斗队形和采取协同动作，就不如纵队方便。如果采用横队，在实施转向机动时，全队的队列线要以旗舰或基准舰为基点，在运动中完成横移的方向变换，从内沿舰到外沿舰，各舰必须依次采取不同的航行速度和相同的转向速度，即各舰必须依次采取不同的线速度和相同的角速度，从转向起始点到转向终了点，航驶各不相等的弧形距离。这对于运用机动战术、保持战斗队形和采取协同动作，比较其他队形就最不简便了。而且在海上激烈交战的情况下，这种转向机动往往是难以达成的。

其次，纵队便于充分发扬舰炮火力。军舰装备的舰炮，分为舰首炮、舰尾炮和舷侧炮；其大口径主炮多数装在舰首，少数装在舰尾，其余是配置在舷侧的小口径副炮。通常情况下，舰首炮的射击舷角（舰艇首尾线与舰炮射击线之间的夹角。以舰首的方向为0°，舰尾的方向为180°，有左、右之分），其左、右各为0°–135°；舰尾炮的射击舷角左、右各为180°–45°。显而易见，全舰主炮能同时发扬火力的射击舷角，左、右舷各为45°–135°。也就是说，最佳射击舷角的最大射击扇面，是以左、右舷正横中线为中心线的90°的扇形区域（参见下页附图）。单就一舷而言，射击舷角凡小于45°或大于135°，就只能有一部分主炮可以发扬火力。舰队或舰艇编队在海战中采用纵队，以舰舷对向敌舰，在上述最佳射击扇面内就不会受到己方舰艇的屏蔽。若采用梯次队形，各舰火炮在射击时，都必须为己方的邻舰保留一定的安全界（通常为20°），这就使得最佳射击舷角缩小为70°。若采用横队，同样由于受到己方并列邻舰的屏蔽，其最佳射击舷角将更为缩小；而且，不论敌舰位于己方队列线的前方、后方或某一翼侧，均必造成己方一部分队员舰因被蔽于己方并列之邻舰，而几乎无法获得有效的射击舷角，全队的舰炮火力也势必大为减弱。

因此，在海战过程中，舰队或舰艇编队（单舰亦同）总是要针对敌方舰队的情况，不断地实施适时、正确的机动，迫使敌方舰只始终处于己方最佳射击舷角范围和最佳射程之内，以便充分发扬己方舰队的火力，实施猛烈而有效的舰炮攻击以歼击敌方舰只。这就是以战列舰为主的舰队之所以认为实行战列线战术和"T"字战法是最为有效的战术手段的由来。当然，在海上交战过程中，敌方舰队也总要采取相应的反机动，努力使自己处于上述那种有利的阵位之中。

因此，在很大程度上可以说，海战就是交战双方舰队在最短时间内全力争夺各自最有利

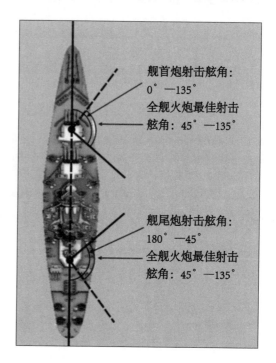

舰首炮射击舷角：
0°—135°
全舰火炮最佳射击
舷角：45°—135°

舰尾炮射击舷角：
180°—45°
全舰火炮最佳射击
舷角：45°—135°

再见甲午
——蓝色视角下的中日战争

态势和最有利阵位的对阵过程，也就是时间、机动、阵位和攻击力的竞赛过程。在交战双方实力相近的情况下，谁能在上述竞赛过程中高出对手一筹，谁就能稳操胜券；反之，就会失败。实施攻击时，以最有利的射击舷角对向敌舰（根本不是以舰首对向敌舰），而不是像地面的步兵或陆战车辆那样以正面去对敌，这正是以舰炮为主要武器的舰队或舰艇编队（单舰亦同）的攻击战法。在海战史上，一些实力处于劣势的舰队能在海战中取得胜利的战例，其成功之要诀，也多在于此。

我们再来具体考察黄海海战的情况。丁汝昌在临战时发出的各舰"始终以舰首向敌"的明确战术指令，势必招致下列不利之处：

1．导致北洋舰队不得不采取雁行阵或斜列阵的阵法，而在实战中，北洋舰队采用的就是一字雁行阵（尽管它没能整齐划一）。

2．导致北洋舰队各舰火炮的射击舷角几乎都被迫限制在0°方向，只有舰首炮能发扬火力，全部的舰尾炮和大部分的舷炮不能射击，而且位于翼端的诸舰之舰首炮也很难射击。这样一来，全舰队在单位时间内所能发射的炮弹数，必然会大大减少，其舰队的整体攻击力自然就会大大降低。

3．战斗开始后，日方舰队越是接近北洋舰队的队列线，北洋舰队左翼各舰势必逐渐向右转向，右翼各舰势必逐渐向左转向；而且，越是外沿舰，其转向的幅度就越大。这样一来，北洋舰队各舰的射击舷角就势必因受蔽于己方邻舰而更加缩小了，其攻击力自然会更加减弱，以致当日军舰队抵近北洋舰队的队列线时，处于队列线翼端之北洋舰队各舰（即外沿舰）势必因受蔽于己方邻舰而根本无法射击，其舰队的整体攻击力势必会降至最低程度；而不幸的是，此时正是黄海海战的关键时刻。日本学者浅野正恭在其《近世海战史·日清海战史》一书中，对北洋舰队在黄海海战紧要关头所处的这种严重不利之情状，作了如下描述："游击队（指日军第一游击队）横过支那舰队（指北洋舰队）之前面，而攻其右翼，相距至一千七百码之近，遂猛攻'扬威'、'超勇'。少时，'超勇'火发，炎上不可遏，右舷倾斜；'扬威'亦有不能支持之状。而斯时之阵形，支那全队之半被蔽于己舰，而不能发炮"。

4．在日军舰队第一游击队两次向左后小旋回和其本队一次向右后大旋回的分割兜抄情况下，北洋舰队被迫形成失去统一指挥、失去任何阵法的无组织团块（丁汝昌的第一条和第三条训令均亦荡然无存），只能各自为战，继而在日舰的攻击下被各个击破。

假如在准备迎战之际（10时30分），北洋舰队以单行鱼贯阵（单纵队）迎战；或在接战时（12时50分），丁汝昌针对当时战场的敌我阵势，能果断地指挥舰队向右齐转（或是向左齐转），立即变换成单行鱼贯阵（其队列线为西北——东南），以舰队的一舷拦击日军舰队，争取对其实施"T"字战法的攻击行动，这样，日军舰队的处置可能是：被迫处于完全不利态势下被攻击，或是被迫全队向左（或是向右）实施大角度（大于90°）的鱼贯转向，以致同北洋舰队形成同向异舷的舰炮对射战。如果是这样的话，黄海海战的过程和结局就可能大为改观了。

丁汝昌在黄海海战中不仅采用了错误的阵法和战法，而且还犯有一个不可被原谅的错误：作为北洋舰队的最高战场指挥官，丁汝昌在海战前没有明令指定自己的代理人，特别是没有明令指定旗舰"定远"的代理旗舰，稍后在战斗中当"定远"舰信号旗语装置被击毁后，又没有或已来不及采取积极补救措施，以致完全丧失了自己的战场指挥职能，造成全舰队群龙无首的不良后果（直到海战即将结束时，"靖远"舰管带叶祖珪才主动升旗代为指挥）。

反观黄海海战交战的敌方，编队航速（非平均航速）居劣势的日本海军联合舰队，则非常明智地将全队的12艘军舰分编成了2个战术编队（即航速较高的第一游击队和航速较慢的本队）；先是根据"T"字战法的原则将北洋舰队置于其正横的最佳射击舷角之内；继而又采取灵活的机动战术对北洋舰队僵硬呆板的雁行阵编队实施分割兜抄，终于取得了有目共睹的战果。日本学者外山三郎在《日本海军史》一书中做了相应的总结：黄海海战"日军制胜的原因，在于采用了能自由机动的纵队队形，充分发挥了速射炮的威力。这表明日军的战术优于丁汝昌采取的、当时受到世界重视的、靠楔形队形实施冲击的战术。当然日本海军采用纵队队形并非经过理论研究所得出的结论，而是从技能的角度去判断，认为只有采取纵队队形日本海军才能充分进行机动战斗。这个战术是'知己'的选择。"

通过上述的深入剖析和检讨，我们不难得出这样的结论：北洋舰队在黄海海战中的受创，是一场不幸的悲剧。造成这场悲剧的关键原因是人为的，即是由一位陆军将领指挥一支近代化的海军舰队，并在海战中采取了严重失误的阵法和战法；于是，两支势均力敌的舰队经过激战，最终在战果上出现了几乎一边倒的结局。

黄海海战的结局绝非偶然产生，它是被近代海军舰队技战术性能特点和近代海战的无情战术规律所昭然注判决定的！

第六章

辽东半岛的暮秋

"如果没有海军，战争将在我国国土上进行。战争像比赛一样，最好是打到对方的半场里去。"

——美国海军五星上将切·威·尼米兹

"战争是充满偶然性的领域。人类的任何活动都不像战争给偶然性这个不速之客留有这样广阔的活动天地。"

——普鲁士军事理论家冯·克劳塞维茨

第一节　战火烧过鸭绿江

平壤战役结束后，日本陆军部队乘势向北挺进，迅速完成对朝鲜全境的军事占领；日本海军通过黄海海战又使中国海军北洋舰队遭受较大损失。为在第二年实施直隶平原的决战，日军大本营决定立即扩大侵略战争的规模，将战火烧到中国境内。

按照原定的冬季作战计划，日军大本营决定首先发动对中国辽东半岛的登陆战役，夺取旅顺口和大连湾。9月21日，日军大本营将陆军第一师团、第二师团及第十二混成旅团编为第二军，任命陆军大将大山岩为司令官，与第一军协同作战，计划分成左、右两翼部队，入侵中国辽东地区。

日军的具体作战部署是：由山县有朋大将指挥的第一军为右翼，从朝鲜义州（今新义州）强渡鸭绿江入侵中国东北辽东地区；由大山岩大将指挥的第二军为左翼，在辽东半岛部择地登陆，先攻占旅顺口和大连湾，后入侵整个辽南地区。此次两军配合作战的战役总目标是侵占中国东北南部广大地区，并以此为根据地，为来年与清军在直隶平原的决战创造必要条件。

9月25日，日第一军主力全部抵达平壤，其先头部队已于此前向北面义州方向进犯。10月3日，第一军主力从平壤出发，向鸭绿江方向开进。由于部队辎重太多而运力不足，且军中疫病流行，第一军直到20日才全部抵达义州。在行军途中的16日，第一军司令官山县有朋大将接到日军大本营发来的作战训令："大山岩大将率领的第二军由第一、第二师团及混成第十二旅团编成，其任务与第一军气脉相通，同联合舰队协力占领旅顺半岛。第一军的任务是牵制其前面之敌，间接援助第二军作战"。这是要求第一军在鸭绿江东岸的义州，牵制对岸清军以掩护日军攻占辽东半岛的战役企图，即以第一军在义州方向的进攻行动，掩护第二军在辽东半岛东海岸的登陆作战行动。

日本第一军编成概况表

第 一 军	第 三 师 团	第五旅团	步兵第六联队 步兵第十八联队
		混成第六旅团	步兵第七联队 步兵第十九联队
		炮兵第三联队	
		骑兵第三大队	
		工兵第三大队	
		辎重兵第三大队	
	第 五 师 团	第十旅团	步兵第十二联队 步兵第二十二联队
		混成第九旅团	步兵第十一联队 步兵第二十一联队
		炮兵第五联队	
		骑兵第五大队	
		工兵第五大队	
		辎重兵第五大队	

日本第二军编成概况表

第 二 军	第 一 师 团	第一旅团	步兵第一联队 步兵第十五联队
		第二旅团	步兵第二联队 步兵第三联队
		炮兵第一联队	
		骑兵第一大队	
		工兵第一大队	
		辎重兵第一大队	
	第 二 师 团	第三旅团	步兵第四联队 步兵第十六联队
		第四旅团	步兵第五联队 步兵第十七联队
		炮兵第二联队	
		骑兵第二大队	
		工兵第二大队	
		辎重兵第二大队	
	混成第十二旅团	步兵第十四联队	
		步兵第二十四联队	
		炮兵第六联队第三大队	
		骑兵第六大队第一中队	
		工兵第六大队第二中队	

东临黄海、南扼渤海海峡的辽东半岛，不仅是日军从海上进攻中国东北的唯一方向，而且是保卫渤海湾和京津的一大门户，具有极其重要的战略价值。为防御日军向中国本土发动进攻，李鸿章于1894年9月19日向朝廷呈递《军事紧急情形折》，提出了"就目前事势而论，惟有严防渤海以固京畿之藩篱，力保沈阳以顾东省之根本，然后厚集兵力，再图大举，以为规复朝鲜之地"的防御战略方针。清廷采纳了李鸿章这一防御战略方针，一面调集陆军重兵在鸭绿江西岸驻守设防，一面命令受创的北洋舰队尽快修复受伤各舰，巡弋于大连湾、旅顺口、威海卫之间，以扼守渤海湾方向。但是，当日军部队实施牵制行动而大举逼近鸭绿江一线时，清政府和李鸿章等高官并不了解日军大本营此举的真正战略意图，错误地判断了

日军部队的主攻方向，加之考虑到东北是大清王朝的"龙兴之地"，沈阳又是清朝皇家陵寝和宫阙所在地，因此陆续将原先长期驻守旅顺口和大连湾的清朝陆军部队过多地调至鸭绿江防线。

9月下旬，清政府任命四川提督宋庆帮办北洋军务，率所部毅军开赴辽宁凤凰城（今凤城），并任命他为各军总统，负责指挥鸭绿江防线的各路清军部队（除黑龙江将军依克唐阿部的镇边军）。10月中旬，宋庆与依克唐阿在鸭绿江边的九连城（今属丹东）会晤，共同商定了鸭绿江防线的清军兵力配置方案：以主力部队配置在安东（今丹东）至九连城一线；以一部兵力守卫大东沟及大孤山（今属东港）一带。到10月下旬，集结在九连城附近鸭绿江西岸的各路清军兵力达80余营计28000余人。清军鸭绿江防线的兵力配置是以九连城为中心；东北自长甸口起，西南至大东沟、大孤山一带，沿鸭绿江各城镇要隘分兵设防。宋庆指挥鸭绿江防线的右翼部队；依克唐阿指挥鸭绿江防线的左翼。

九连城西通凤凰城，东逾鸭绿江可达朝鲜义州（今新义州），系中朝边境地区的一大交通枢纽。城北有瑷河汇入鸭绿江，河口之东有地势险要、形若蹲虎的虎山（又名虎耳山）；鸭绿江从城西南方向流向大东沟汇入黄海。清军在九连城赶修了较为坚固的防御工事，并在城外高地上构筑了可俯射鸭绿江江面的多座炮台。但整个清军鸭绿江防线的弱处在于清军沿一线设防而兵力分散，纵深地区内没有强大的战役预备队可供实施机动救援行动，加之宋庆和依克唐阿在指挥上互不相属，因此其总体防御能力难堪强兵之击。

10月22日，日本第一军25000人在朝鲜义州一带集结完毕，准备先强渡鸭绿江攻取虎山，再攻占九连城。为牵制对岸的清军部队，日军以"近而示之远"的战法，于24日以小部兵力有意在义州方向摆出强渡鸭绿江的姿态，暗中则出动精兵佐藤支队从九连城东北的水口镇（在朝鲜境内）附近，涉浅水渡江，向依克唐阿指挥的清军左翼安平河口防线发起突击，企图由东而西绕攻清军虎山据点，袭击九连城的侧翼。驻防该地的清军一触即溃，佐藤支队渡河后轻取安平河口等处，随即折兵疾进虎山方向。

10月24日深夜，日军工兵部队利用夜幕掩护，在义州上游虎山附近较浅的江面和淤积沙洲之间架设了两段简易军桥，驻守江岸的清军部队竟然对此毫无查觉。次日凌晨，日军第三师团在炮火掩护之下首先强行渡江，第五师团之第十旅团后续跟进。防守虎山的清军进行了顽强的抗击，日方战后出版的《日清陆战史》一书描述说："由江东岸隔江而望，但见晨雾与硝烟相混，江岸敌垒一团白云深锁，其中仅闻轰然爆炸声响"，鏖战非常激烈。日军先后向清军虎山防御阵地发起四次冲锋，战至正午时分终于攻占虎山阵地。

10月25日13时，山县有朋大将随第五师团渡过鸭绿江，在虎山设置第一军司令部，立即部署对九连城的总攻行动。26日拂晓，日军以重兵向九连城发起总攻击行动，先用猛烈炮火轰击，却不见城中清军有任何反应动作；后派兵攀城墙侦察，方知清军部队早已撤离而城中空无一人。于是，日军不费一枪一弹，大摇大摆开入九连城。与此同时，进攻安东县的日军部队也渡过鸭绿江发起攻击行动，同样未遇任何抵抗，因为驻防此地的清军部队在获悉九连城失利的消息后，提前一天就全部退向大东沟及大孤山一线。

前后短短不过三天时间，清军重兵经营一个月的鸭绿江防线即告溃破；战火由此开始烧入中国境内。此后，日本第一军在辽东半岛以北地区频频发动攻势，步步进逼，攻占辽东地区一系列战略重镇。

11月初，连连溃败的清军在奉天（今沈阳）东南长白山的一个支脉摩天岭（今本溪南）至连山关一线，利用险峻的山势布防，

　　日军工兵部队连夜在鸭绿江水道上架设简易渡桥，使日军部队快速渡过鸭绿江，侵入中国境内。

清军部队的撤离，使日军部队不战而据安东（今丹东）。图为日军占领下的安东城，宁静中没有显现出战事的景象。

要从正面阻止日军部队由东路进犯辽沈。自11月12日开始，在连续长达三个月的时间里，清军部队在赛马集、草河口至连山关一线顽强战斗，坚守阵地并适度出击，终于守住由凤凰城通向奉天的东路交通要道摩天岭，彻底挫败了日军由东路进犯辽沈腹地的企图。日军在进攻摩天岭期间，于12月13日攻占辽东半岛西北部的另一处战略要冲海域。至此，日第一军的进攻与清军阻其北犯的作战，呈胶着状态。

第二节　悄然登陆花园口

就在日本第一军对鸭绿江清军防线实施攻击时，由大山岩大将指挥的第二军第一师团已集结于朝鲜大同江口的渔隐洞锚地，开始准备实施对辽东半岛东部海岸的登陆作战行动。

日本海陆军为这次登陆作战行动作了精心的谋划。早在9月下旬，日本海军联合舰队参谋长鲛岛员规海军大佐等人就先后乘军舰驶抵辽东半岛东部近岸海区进行了实地侦察，并于10月5日向大本营报告："确认貔子窝东方约20海里之海岸作为适宜之登陆点（此处即是花园口）"。但第一军司令官大山岩大将提出，为便于部队登陆后迅速向南进攻旅顺口、大连湾等地，应再向南边的海岸另择登陆地点，并于10月19日亲赴朝鲜大同江口的渔隐洞锚地，与联合舰队司令长官伊东祐亨海军中将面议此事。由于担心登陆地点南移而过于靠近旅顺口军港，容易遭受北洋舰队的攻击，伊东祐亨拒绝南移登陆地点。在分歧无法统一的情况下，日军大本营没有草率

日第二军司令官大山岩大将是帝国陆军的创建者之一。1898年成为首批日本元帅,次年出任陆军参谋总长。后在日俄战争中出任日本满洲军总司令官,指挥日军击败俄军。与同藩出身的海军将领东乡平八郎并称为"陆之大山,海之东乡"。

作出决断,而是由海陆军各派出 2 名精干作战参谋立即搭乘"高千穗"号巡洋舰,驶抵辽东半岛东部近岸海区再进行一次实地侦察。此次海陆军参谋组联合实地侦察的结论是:海军仍坚持此前所选定的登陆地点花园口;但陆军则坚持认为该处海岸地理条件有诸多不适于登陆的因素。接下来,天气将变得越来越寒冷,为避免久议不决而贻误战机,日军大本营最终拍板决定采纳海军方面的意见:在花园口实施登陆行动。

花园口是辽东半岛东部海岸中段的一处小港(今辽宁庄河高阳乡),西南距大连湾约 100 公里。这个朝南的港湾,其背后三面是丘陵环绕,口岸两端相距约 3000 米。港湾及附近海滩系泥沙积底,浅而平坦;涨潮时水深仅有 3 米,近岸处礁石林立。遗憾的是,在这个易于设置抗登陆防御阵地的地点,清军并没有布兵设防。

10 月 23 日上午 9 时,在海军联合舰队的护航下,日本第二军第一师团的第一批登陆部队分乘 16 艘运输船,从朝鲜大同江口的渔隐洞锚地启航,于次日凌晨驶抵辽东半岛花园口外海面抛锚。黎明时分，日军换乘由小汽艇牵引的舢板在花园口实施登陆，并立即在岸边插上太阳旗，侵略者的铁蹄就此踏上了中国海岸。上午10时，师团长山地元治中将也随部队登上空无一人的花园口海岸；并立即向南派出侦察分队和乔装情报人员。26日，日第二军司令官大山岩大将随第二批登陆部队踏上花园口海岸，立即部署向金州方向的进攻行动。

日军第二军部队在辽东半岛东海岸中段的花园口，从容实施长达十四天的"静悄悄的登陆"，成为世界战争史上大规模登陆作战的"奇迹"。

由于花园口近岸滩平水浅，锚地距海岸远达三四海里，日军汽艇牵引登陆舢板一个昼夜只能往返两三次；退潮时因出现纵深达

1500 多米的淤泥浅滩，登陆部队只能停止行动。因此日军的登陆行动较为迟缓，直到 11 月 6 日，日军第三批登陆部队才全部登陆完毕。

日第二军共有 24049 人和 2740 匹战马及大量装备辎重在此处登陆，历时长达十四天之久。这次登陆行动可谓是战争史上的一次奇观，因为这是一场只听涛声而未闻炮响的大规模登陆入侵行动。清军不仅没有预先在此处布设抗登陆防御阵地，而且在日军近半个月的登陆过程中，清军竟然没有采取过任何一种抗击或袭扰日军登陆的作战行动，这不能不说是清军的无能和耻辱！

在花园口登陆后的日军部队在岸上安营扎寨从容进行休整，准备下一步实施对旅顺口军港方向的大规模进攻行动。

就在整个登陆行动尚未完成之时，日军第一批登陆部队就于29日向南攻占了由少量清军驻守的貔子窝。金州、旅顺口一线，危在旦夕。11月3日，日军第一师团从貔子窝出发，开始南犯金州。

长方形的金州城位于金州湾东侧辽东半岛的蜂腰部，南距旅顺口仅50公里，其城南陆地最狭窄处仅有4公里之宽。修建有坚固城墙的金州城有"辽东半岛雄镇"之称，此时驻守金州的清军部队有步兵、骑兵、炮兵近10个营，共计有3000余人。

日军在作战方案中对金州战略地位的判断是："金州城为辽东半岛的雄镇，东负大和尚山之险，南有大连湾炮台之备，实至旅顺口的第一要地，克其地即大连可破，大连陷即旅顺无援，旅顺入手，即可入直隶"。日军的这个判断，可谓入木三分，切中要害。

11月5日，日军第一师团抵近金州城，按计划要从三个方向发起攻击行动：以步兵第十五联队长河野通好大佐率联队及先遣大队为牵制兵力，从貔子窝至金州的大道正面牵制驻守金州东路的清军部队；以第一旅团长乃木希典少将指挥第一联队从正面进攻清军东路防御阵地；由师团长山地元治中将率第二、第三联队组成师团本队，向东北方向迂回，从背面进攻金州城。

11月5日上午11时，从正面进攻的日军第一联队拉开了进攻金州城的大幕。正定镇总兵徐邦道率所部拱卫军多次击退日军第一联队的正面进攻；双方相持不下至次日。但日军第一师团本队则于6日上午8时攻占了清军东路防御高地，并架炮轰击金州城的守军阵地；清军亦顽强发炮还击，予日军以重大杀伤。10时30分，日军用炸药炸开金州城门，蜂拥冲入城内。守城清军与日军展开巷战肉搏，终因寡不敌众而失守。

在攻占金州的当天晚上，日军第一师团长山地元治中将就立即制订了次日拂晓分兵三路进攻大连湾的作战计划。7日凌晨，日军从三个方向进犯大连湾，准备进行一场艰苦的攻坚战。但大大出乎日军意料的是，原先驻守大连湾坚固防御阵地的淮军总兵赵怀业已率大队人马于前夜乘黑退往旅顺口。于是，日军兵不血刃地占据了防务要地大连港，并轻易虏获清军匆匆遗弃的大批作战装备物资，计有129门大炮、620多支步枪以及大批弹药、粮食、马匹等。特别值得一提的是，清军部队在匆忙逃离时留有大批机密档案未及销毁，日军在此获得大连湾水雷分布图，因此很轻易就迅速扫除了水雷，日本舰船随即得以安全驶入港湾内的码头，继而大批作战辎重和给养物资被源源不断地运往此处卸载。而此时此刻的北京城却洋溢着一片温馨祥和的喜庆气氛：为庆贺慈禧太后六十大寿，紫禁城内"听戏三天，诸事一概延搁不办。"

步步紧逼的侵略者却没有停下脚步来喘息。为对金州实行殖民统治，日军于11月12日发布命令，设置"金州城内占领地行政厅"，并颁布《金州厅行政规则》十条，规定金州"城内及城外附近各村落为管辖区域"，实行极其严格的军事与行政管控。

近在咫尺的旅顺口军港，危在旦夕，兵祸不日将至！

第三节　惨绝人寰旅顺口

在攻占金州城和大连湾之后，日军部队进行了为期十天的短暂休整。11月17日，日军分为搜索骑兵、左翼纵队、右翼纵队三支，从北面开始向旅顺口发动进攻。

此时，驻守旅顺口的清军共有马、步、炮各队计33个营共约12700多人（其中9000人是仓促招募成军，未经训练和战阵）。在获悉日军即将进攻旅顺口时，正定镇总兵徐邦道大胆决定在日军部队进攻途经之地打一场伏击战。

11月15日拂晓，徐邦道率所部拱卫军5个营约2000余人开赴旅顺口北10公里处的土城子一带设下埋伏阵地。11时，徐邦道部清军与日军搜索骑兵队遭遇，以猛烈攻势击退日军骑兵；徐邦道亦被迫率部退回旅顺口，原因竟然是部队粮草不备，"其步卒非回旅顺不能得一饱"。

11月17日，徐邦道率部会同云南临元镇总兵姜桂题部毅军、总兵程允和所部清军共5000多人再往土城子设伏迎敌。此次与来犯的日军激战达一整天，予日军以大量杀伤。据日军参战的二等军曹崎荣助的战斗日记记载："接战激烈，炮声如雷，硝烟漠漠，掩蔽四野，彼我难辨，我队苦战之状，实非笔墨所能尽述"。在清军的伏击重创之下，日军来不及收拾尸体，狼狈败退。

总兵徐邦道指挥所部清军进行的土城子反击战，是甲午战争爆发以来清朝陆军的一次重要胜利，此战毙伤日军近50名，日军骄横不可一世的嚣张侵略气焰在甲午战争中首次遭受挫创。

在土城子战斗受挫之后，大山岩大将于11月20日午后召集由师团长和旅团长参加的作战会议，重新部署对旅顺口的进攻方案。次日拂晓，日军集中兵力对旅顺口发起最后的猛烈攻势。案子山守军拼命抵抗，直至冲出堡垒，与日军进行白刃肉搏格斗。战斗的激烈程度在日方出版的战史著作中被描述为："彼我两军炮声轰轰烈烈，大有山河为之碎裂，天地亦为之震颤之势"。在松树山炮台，清军官兵也是誓死抵抗，予敌以重创；日军在"士卒死伤颇多"的情况下，军官督促士兵"踏尸猛进"。同时，日本海军联合舰队亦驶至旅顺口港外，发炮轰击清军的防御阵地。

11月22日，在日军重兵的疯狂攻击之下，清政府"经营凡十有六年，糜钜金数千万，船坞、炮台、军储冠北洋"的辽东半岛南端的战略重镇、北洋海军的重要战略基地旅顺口终于失陷。旅顺口20余座海陆炮台所配备的包括新式克虏伯重炮在内的140多门各型火炮，旅顺水雷营、鱼雷营、船坞等各种军事设施，大批弹药、粮饷等辎重物资，尽数被日军占有。

但更为可怕的是，旅顺口随即陷入灭顶之灾，兽性大发的日本侵略强盗对旅顺口的中国和平居民进行了一场骇人听闻、惨绝人寰的血腥大屠杀。

在短短四天时间里，日本强盗大肆屠杀中国无辜平民，共有约20000人惨死于日寇的刀枪之下。日本外相（外交大臣）陆奥宗光也承认："把俘虏绑上屠杀，杀害平民，甚至妇女也不例外，这些似乎都是事实"；"在这次大屠杀中，能够幸免于难的中国人，全市中只剩下三十六人，而这三十六个中国人，完全是为驱使他们掩埋其同胞的尸体而被留下的。"

当年曾经亲眼目睹日军残暴行径的苏万君在晚年时控诉说："甲午战争那年我九岁，亲眼看见日本兵把许多逃难的人抓起来，用绳子背着手绑着，逼到旅顺大医院前，砍杀后，把尸体推进水泡子里，水泡子变成一片血水。大坞北边机器磨房里尸体满地，麻袋包和墙上到处是血。"

在这场劫难中参加收埋同胞尸体的鲍绍武老人回忆说："光绪二十年十月二十四日（1894年11月21日）午后，日本兵侵入市内，到处都是哭叫和惊叫声。日本兵冲进屋内见人就杀。当时我躲在天棚里，听到屋里一片惨叫声，全家被杀了好几口人。我后来参加收集尸体时，看到有的人坐在椅子上就被捅死了。更惨的是有一家炕上，母亲身旁围着四五个孩子，小的还在怀里吃奶就被捅死了。"

另一位名叫王宏照的老人控诉说："一天鬼子用刺刀逼着我们抬着四具尸体往旅顺送。看见旅顺家家户户都敞着门，里面横七竖八的尸体，有的掉了头，有的横倒在柜台上，有的被开膛，肠子流在外面一大堆，鲜血喷得满墙都是，尸体把街都铺满了。"

当时在旅顺亲身经历这场大屠杀的目击者英国海员詹姆斯·艾伦专门撰写了一部回忆录《旅顺落难记》，如实记述了他亲眼目睹的日寇暴行：

"我立的地方极高，望那池塘约离我一丈五尺，只见那池塘岸边，立满了日本兵，赶着一群逃难人逼向池塘里去，弄得逃难人挤

日军部队在旅顺口地区大肆疯狂屠杀中国无辜平民，全城仅有36人幸存，成为此后数十年日本侵略军对中国平民实施大规模残暴屠杀行动的肇始。

满了一池。只见在水里攒头搅动，忽沉忽没，那日本人远的放洋枪打，近的拿洋枪上的刀来刺。那水里断头的，腰斩的，穿胸的，破腹的，搅作一团。池塘里的水搅得通红一片。只见日本兵在岸上欢笑狂喊，快活得了不得，似乎把残杀当作作乐的事。那池塘里活的人，还在死尸上扒来扒去。满身的血污，内中一个女人，抱着一个小孩子，浮出水面，向着日本兵凄惨的哀求。将近岸边，那日本兵就把枪刺来搠，竟当心搠了个对穿。第二下就搠这小孩子，只见洋枪刺一搠，小孩子就搠在那枪头上，只见他竖起枪来，摇了几摇，当作玩耍的东西，这个孩子约只有两岁，那女人伏在地上，尚未搠死，用了将断的力气，要想起来看这孩子的意思，刚要起来，翻身便倒。日本人就照屠戮别人的法子，也把这女人斩成几段，那兵后面，又来了一群日本兵驱赶逃难人，来这池塘里。我也不忍再看，回头逃走，一路走来，无非是死尸垫地。经过一处，看见十来个日本兵，捉了许多逃难人，把那辫子打了一个总结，他便慢慢的把作枪靶子打。有时斩下一只手，有时割下一只耳，有时剁下一只脚，有时砍下一个头，好像残杀一个，他便快活一分。我所见的无论那男女老少，竟没有饶放过一个。一路上那枪声、喊声、哭声、临死的哀声、发笑声，嚷个不绝。满地血肉模糊，残肢断体，铺满道路。那狭弄里死尸堆积如山，竟塞断了路，不能行走。"

在一个钱铺里，艾伦看到"地板上铺满一地的死尸，当中男也有，女也有，小孩子也有，有的缩作一堆，死在那里，亦有的直挺挺死的，有没头的，亦有开膛破肚的，有的没了手，有的没了脚，亦有手脚都斩去的，亦有斩作两段的，各种样子我也一时说不尽，抬头一看，那柜子上的木栅尖上，签上无数人头。再看那柜台边上，还有一个大钉，钉着一个几月的孩子，那地板上的血，足有三寸多厚，死尸重重叠叠的堆了起来。那零零落落的手、脚、头，到处皆是"。阿伦在回忆录中对日寇的兽性予以怒斥。他写道:"这种屠灭人类的罪状,这种奸淫掳掠的凶恶,我临死也不会忘记的。"

另一位当时的目击者,美国驻华使馆武官欧伯连在报告中说:"我亲眼看见许多杀人的事情,这些被杀者根本是没有武装的。我还看见许多尸体,他们的手是缚在背后的。我曾经看到许多伤痕累累,显然是被刺刀刺死的尸体,而且我可以断定,他们是在无抵抗的情况下被害的。我之所以看见这些事情,并非因为存心到各处去寻找恐怖的景象,而是在对这次战役作一般观察时看到的。"

12月6日,美国纽约《世界报》记者克里尔曼率先向外界讲述了他在旅顺亲眼目睹的日军大屠杀事件。12日,《世界报》发表克里尔曼撰写的短篇通讯《日军大屠杀》,讲述旅顺"毫无防御、也没有武器的居民,在各个家中惨遭屠杀,尸体的惨状无可言表",立即在美国及西方引起公众关注。13日,《世界报》发表题为《日军的残虐行为》的社论。20日,《世界报》顶住来自日本军政当局的压力,以第一、第二两个整版的篇幅,刊登了克里尔曼采写的长篇报道《旅顺大屠杀》。他写道:"作为目击者,我亲眼看见旅顺市民对侵略者并无任何抵抗。现在日本人声称,有人从窗户和门内向他们开枪射击,这完全是谎言。日本兵根本不想捉俘虏。我看见一个男人跪在地上乞求开恩,日本兵用刺刀将其刺倒,又一刀砍下头来。另一个人躲在墙角里,被一队日本兵用排枪射杀。一个跪在街中的老人几乎被劈成两半。一个可怜的人被击毙在屋顶上。另一个人听到枪声,从屋顶跌落到街上,被日本兵用刺刀连刺十余刀。在我的脚下,有一所挂着红十字旗的医院,日本兵向从医院门口出来的不拿武器的人们开枪。戴着皮帽子的商人跪在地上,高举双手在恳求。日本兵向他开枪时,他用手捂住脸。第二天,当我看到他的尸体时,已被乱刀砍碎,几乎无法辨认。有人带着妇女和孩子向山里逃，日本兵一边追赶一边射击。整个市区均遭到日本兵抢劫，躲在自己家里的居民也被杀害。日军第二联队的前锋到达黄金山炮台时，发现已被弃守，唯见港内有一只满载难民的舢板，日本兵立即在码头上排列成行，齐向舢板射击，直到舢板上的男女老幼全部打死为止。港外还有 10 只挤满惊恐万状的难民的舢板，也被日本鱼雷艇全部击沉。"

克里尔曼在这篇长篇报道的结尾处写道："任何一个文明国家，都不可能做出我在旅顺目睹到的那种残暴行为。我所记述的一切，皆我亲眼所见，并且不是有英、美武官在场，就是有柯文或威利尔斯先生在场。也许有人会说这就是战争行为，然而，那是野蛮人的战争行为"。

日军在旅顺灭绝人性的暴行，引起了世界舆论的公愤和谴责。英国《标准报》指责日军"对他们遇到的一切有生命的东西开枪射杀，用刺刀刺杀，一直杀到大街。猫、狗以及迷路的骡马都被砍倒"。《泰晤士报》《环球报》《每日世界报》等西方媒体，纷纷痛斥日军的兽行，指责"日本国为蒙文明皮肤具野蛮筋骨之野兽"，"日本人今脱掉文明之假面具，显露野蛮之本体矣。"

当时英国著名的国际公法学家胡兰德博士原是一个亲日的人士。他在所著的《中日战争之国际公法》一书中也指责了日军在旅顺凶残的野兽行径："当时日本将卒之行为，实逸出常度之外，彼等除战胜之初日，从其翌日起四日间，残杀非战斗者妇女幼童矣。从军之欧洲军人及特约通信员，目击此残虐之状况，然无法制止，惟有旁观，不胜喷饭，此时得免杀戮之华人，全市内仅三十有六人耳，然此三十有六之华人，为供埋葬其同胞死尸而被救残留者，其帽子上粘有'此人不可杀戮'之标记而保护之矣。"

面对国际舆论的强烈谴责，与英国商船"高升"号丰岛海域被

再见甲午

——蓝色视角下的中日战争

击沉事件一样，日本军政当局再次紧急启动危机公关行动，又一次逐渐化解各方责难。他们首先指责西方媒体报道失实，邀请美国驻日本公使赴旅顺进行现场调查，并表示即便发生了屠杀事件，也是日军对中国军队屠杀日军战俘的一种报复。日本媒体也迅速开足机器，大肆宣扬日军是"仁义之师"，污蔑清朝军队异常残暴，日军在旅顺处决的不是战俘或平民而是各种罪犯。后来在1895年2月攻陷威海卫和刘公岛时，日军请西方记者现场观看他们对清军战俘提供医疗服务后予以释放，并在众多西方记者面前全程展示他们将自杀身亡的北洋舰队提督丁汝昌、右翼总兵刘步蟾等将领的灵柩精心"礼送"出刘公岛铁码头的整个过程，从而在西方媒体面前使日本成功扮演并骗取了"文明国家"的形象。

甲午战争中的"旅顺大屠杀"，堪称日本侵略军对中国和平民众实施大规模残暴屠杀行动的初始，日本军政当局以紧急危机公关手段及时化解国际舆论的强烈责难后，才敢在四十余年后再次肆无忌惮地进行更大规模的"南京大屠杀"。"南京大屠杀"是甲午战争"旅顺大屠杀"的又一次大规模升级和翻版。

日本侵略军在中国的野蛮残暴行径，将永远被钉在历史的耻辱柱上！中国人民将永远不会忘记日本侵略者在历次侵华战争中用刀枪写成的血腥历史！

第七章
山东半岛的寒冬

"控制海洋意味着安全，控制海洋能意味着和平，控制海洋就能意味着胜利。"

——美国总统约翰·肯尼迪

"控制海洋的能力就是在我们需要和愿意的时候有能力去使用海洋，也就是在我们认为必要的时间把部队、商船和飞机越海运往我们认为必要的地点。"

——美国中央情报局局长斯坦斯菲尔德·特纳海军上将

第一节　两度求和遭拒绝

　　自 1894 年 10 月下旬日本军队分兵侵入中国境内之后，清军辽东、辽南的战略重镇九连城、安东（今丹东）、大孤山、凤凰城（今凤城）、岫岩、金州、大连湾和旅顺口军港等相继失陷。战场上一连串的失败，使中国最高当局的决策者们，开始对战争的前途丧失信心，主张向日本求和的意见越来越多。

　　11 月 3 日，总理各国事务衙门出面请求英国、美国、德国、俄罗斯、法国五大国驻华公使联合调停中日之间的战争；同时训令中国驻外使节，向各派驻国政府直接提出请求，幻想求得欧美各大国一起出面在中日两国之间进行"连衡说合"。

　　图谋各国联合出面迫使日本停止侵华战争，这只能是清朝政府一厢情愿的幻想。西方列强们虽然也不愿看到亚洲新崛起的日本在远东和中国的势力日益扩展，但他们彼此之间亦因在亚洲的现实利益互相冲突而存在种种或明显或微妙的矛盾，因此根本不可能以完全一致的立场来为中国充当和平的说客。英国外交大臣金伯雷表示"不便与日再言"；德国政府则宣称"现时和议无济于事"；而美国政府正在积极准备单独操纵和谈，断然拒绝参加列强联合调停的请求。

请求列强联合调停而告无望的清朝政府只得另筹求和之策。11月中旬，户部左侍郎、总理衙门大臣张荫桓和督办军务处文案景星一同前往天津，与直隶总督兼北洋大臣李鸿章密商向日本求和之事。李鸿章主张直接派人赴日本求和，但考虑到如派中国高官赴日本，由于清军在战场上的失败而必定会遭日方的轻视，因此李鸿章建议选派一位"忠实可信"的外国人，前往日本先行试探。

清政府采纳了李鸿章的这项建议，并同意他推荐的人选——担任天津海关税务司一职的德国人德璀琳。1894年11月19日，金发碧眼的德国人德璀琳以中国头品顶戴的头衔，携带着李鸿章致日本总理大臣伊藤博文的照会，踏上东渡日本的旅程。李鸿章在照会中说："照得我大清成例，与各国交际，素尚平安，现与贵国小有龃龉，以干戈而易玉帛，未免涂炭生灵，今拟商彼此暂饬海陆两路罢战。遵即令头品顶戴德璀琳立即驰赴东京赍送照会，应若何调停复我平安旧例之处，应请贵总理大臣与德璀琳筹商，言归于好。为此照会，请烦查照实行。"

首次赴日求和的"洋特使"德璀琳，被日本方面严词拒于门外。

11月26日，就在日本军队尚在中国旅顺口大肆滥杀无辜居民的这一天，不伦不类的中国求和洋代表德璀琳乘船抵达日本神户港。日本兵库县知事周布公平立即用电报将此事上报给东京。结果，日本政府指责德璀琳是西方人而非中国官员，所持李鸿章的照会并非国书，不具备交战国使者的资格，拒绝接待。为了在日后包办中日和谈，美国驻华公使田贝亲赴总理各国事务衙门，"劝告"中国政府"速召彼还"。于是，吃了"闭门羹"的德璀琳只得登上返程的轮船，清政府第一次乞和的行程就此夭折了。

第二次率团赴日求和的张荫桓，日本人认为其地位卑微且全权不足而拒绝商谈，并放言"假如中国派遣恭亲王或李鸿章并持有委任状，他们是可以受到接待的。"这样一来，李鸿章是注定难逃赴日谈判的使命。

1895年1月5日，清政府特以慈禧太后名义发布谕旨，任命尚书衔总理各国事务大臣、户部左侍郎张荫桓和头品顶戴署湖南巡抚邵友濂为中国政府全权大臣赴日本议和。1月26日，以张荫桓和邵友濂为首的中国政府议和使团一行20余人由上海乘船启程赴日；29日抵达日本长崎，30日抵达神户，31日抵达广岛。在中国议和使团抵达广岛的同一天，日本天皇任命总理大臣伊藤博文和外相陆奥宗光为全权办理大臣，与中国代表会商和谈事宜。

而在中国议和使团抵达日本之前，日本政府各部门在筹议和谈的条件时就有极大胃口，并于 1 月 27 日的御前会议通过了一项和约草案。这一草案具体分三段："第一段，规定使中国承认构成此次战争起因的朝鲜独立；第二段，规定我国因战胜的结果，应由中国割让领土和赔款；第三段，为确定我国在中日两国的外交上的利益和特权，规定今后我国和中国的关系应与欧美各国和中国的关系均等；并进一步设置几处新开港口以及扩大内河航行权，使我国永远有在中国通商航行等权利"。这个和约草案，已经大体勾划出后来《马关条约》的基本轮廓。

但是，伊藤博文等认为这个草案的议和条件在眼下还是显得过于苛刻，中国代表不大可能接受，因为日军在战场上还没有使中国海陆军的有生力量遭受严重和彻底的损失。因此，日方准备破坏谈判，侮辱中国议和使团，再配合军事上的进攻，以便在稍后更加有利的战略态势下迫使中国完全接受日本提出的苛刻要求。

在这种情形下赴日求和的中国议和使团，注定要接受一段非常艰难而尴尬的日程。1 月 30 日，中国议和使团到达神户。英国驻日本公使楚恩迟在给外交大臣金伯雷的报告中说："目睹中国使团登岸的人群采取了不友好的行为，尤其是日本当局故意让他们受到冷遇"，日方甚至"没有向中国使节提供四轮马车"。当时《日本每日邮报》发表《神户记事》一文，对当时的情形作了更加详尽的描述：

"人们不能说中国使节在星期三受到的接待是个良好的和平开端。就日本官员的态度而言，显然非常冷淡，必要的仪式成了草草过场的形式；就前来观看的民众的态度而言，任何一个旁观者都能看出，充满敌意的气氛仿佛到了一触即发的程度。当中国使节离开码头时，人群里顿时发出阵阵长时间的叫喊声，情况变得严峻起来。但幸运的是，人群没有把明显的敌意进一步变成行动，否则中国使团可能会吃亏。因为虽有大批警察在场，但其人数仍不足以对付动武的暴徒。"

中国议和使团在离开神户上船时也遇到不应有的麻烦："一艘正在装煤的驳船搁浅了，而且不可能迅速走开，以便为小火轮让路。中国使节们只好站在煤斗和苦力中间等待着，直到一切恢复正常为止。我们不知道该驳船以什么理由为借口获准在一个专供旅客上岸的码头装煤。此时和发生的其他几件事情一样，都证明日本当局似是敌意地冷淡中国使节及其随员。"

中国议和使团到谈判地点广岛之后，几乎成为被软禁的囚徒。担任使团头等参赞官的伍廷芳记述了他们当时在广岛的境遇："初六抵广岛，令居旅店，同人分为三处，均有日弁兵监守。有事出门，须先通知巡捕派兵同往，名为护送，免生意外事端，实则防我窥其虚实底细。该处坐无轿马，出入皆乘东洋车，星使亦然。书信往来，先拆阅而后送。其防闲如此，而居处直似牢笼，不令自如。"

第二次赴日求和使团头等参赞官伍廷芳。

尤其令人愤慨的是日本政府置外交常理而不顾的蛮横行径。中国全权议和大臣张荫桓要往北京发密电，日方竟然不准许；而中国国内打给议和使团的电报，日方也一律扣压不予送达。中国使团就此向日方提出交涉，伊藤博文竟然答复说："欲收发密电，须先将密码书送缴译看，方可接递"。对此，参赞官伍廷芳只得发出这样的内心感叹："我将卒苟能奋勇于疆场，不容其猖披，何致就彼而受其欺慢！欲消此恨，其在将与兵焉。"

2月1日上午11时，中日两国政府议和全权代表在广岛举行首次会晤。双方代表首先互相检阅对方的全权证书。中国代表的全权国书内容为："大清国大皇帝问大日本国大皇帝好：我两国谊属同洲。素无嫌怨，近以朝鲜一事，彼此用兵，劳民伤财，诚非得已。现经美国居间调处，由中国派全权大臣与贵国所派全权大臣会商妥结。兹特派尚书衔总理各国事务大臣户部左侍郎张荫桓、头品顶戴署湖南巡抚邵友濂为全权大臣，前往贵国商办。惟愿大皇帝接待，俾该使臣得以尽职，是所望也。"

但是，早有预谋的伊藤博文指责中国议和代表的"全权不足"，并立即宣读预先写好的一份备忘录，质问中国"究竟敕书中曾否载明中国皇帝陛下赋予该钦差全权大臣以缔结和约之全权"，要求获得书面答复。张荫桓等当即将所奉敕谕交予伊藤博文。敕谕内容是："皇帝敕谕尚书衔总理各国事务大臣张荫桓，著派为全权大臣，与日本派出全权大臣会商事件。尔仍一面电达总理衙门，请旨遵行。随行官员，听尔节制。尔其殚竭精诚，敬谨将事，无负委任，尔其慎之。特谕"。另一份给邵友濂的敕谕也有同样内容。中国皇帝敕谕虽有"全权"字样，但日方坚持认为"全权不足"而拒绝进行谈判。

2月2日，双方代表再次进行会晤。伊藤博文仍坚持认定中国代表"全权不足"，指责"中国政府并无解决两国之间现存重大问题的诚意"，并宣读事先由陆奥宗光事先拟好的备忘录："中国钦差大臣所提示的'敕令'，对于发出此令之目的，极欠妥当，该文件缺少普通全权委任状所应有的各种条件。因此，奉有日本国天皇陛下所授予的正式而且完备的全权委任状之日本帝国全权办理大臣，不能同意与只携有会商事件、咨报总理衙门随时请旨遵行的敕令之中国钦差全权大臣会谈。因此，日本帝国全权办理大臣不得不宣告此次谈判至此停止"。他还向中国议和使团提出，希望中国方面"更添一爵位最崇之中人，会同定约，能负重，可期速成"。

尽管中国代表对日方的无理挑剔态度甚感惊讶和愤怒，并据理进行驳斥，但此次和谈的大门就此无情地被日方关闭了。当中国议和使团被迫辞离会晤场所时，伊藤博文临时留下中国议和使团头等参赞官伍廷芳，向他表示日本方面认为恭亲王奕訢或直隶总督兼北洋大臣李鸿章是最合适的中国全权代表人选。

随后，日本政府以广岛为军事重地而不准敌方人员滞留为由，要求张荫桓率中国议和使团早日出境，并禁止中国议和使团使用明码电报与北京进行联络。2月5日，日本政府强行将中国议和使团逐至长崎。在长崎时，中国议和使团请求美国驻日使馆经美国驻华使馆向总理各国事务衙门拍发了电报，清朝政府至此才得以知悉中国议和使臣被拒逐的情形。后几经周折，中国议和使团于2月12日由长崎启程回国。

寒冬时节的战场，势将成为换取"和平"的最终途径。

第二节　如出一辙再登陆

日本政府拒绝中国第二次议和使团的一个重要目的，是要在军事上发动更大规模的攻势，以战场上更加有利的态势作为最终谈判桌上的筹码，从而向中国做更苛刻的勒索。

本来，日军在 1894 年 11 月下旬攻占扼守渤海海峡老铁山水道的旅顺口军港之后，要按大本营既定的作战计划，在直隶平原与清军进行最后的陆上决战。但是，到 11 月底时，日本军方和政府在下一步的作战行动问题上却产生了严重的分歧意见。

日本第一军司令官山县有朋大将先是在 11 月上旬向日军大本营提出《征清三策》，积极主张开展强大的冬季攻势。《征清三策》的主要内容是：第一，第二军队从登陆地点（即花园口）取海上水路至山海关附近再次实施登陆，占领进攻北京的根据地；第二，向旅顺半岛突进，将日军兵站基地移至不冻海岸，以求补给之便利；

第三，立刻北进，进攻奉天。鉴于第一、第三条策略的冬季兵站线太长而补给运输有困难，山县有朋极力建议采取第二条策略。不待此次建议被大本营采纳，山县有朋于 11 月 25 日就迫不及待地擅自命令所辖部队进攻海城，公然违背了日军大本营当时关于冬季宿营休整的训令。因此，山县有朋被免职送回国内"养病"（由第五师团长野津道贯中将继任第一军司令官职务）。

日本内阁总理大臣伊藤博文则向日军大本营提出一份考虑到国际政治因素的《进击威海卫、攻略台湾方略》。伊藤博文的分析和判断是：其一，直隶决战获胜后日军占领北京，可能造成暴民四起而难以控制的无政府局势；清朝政府一旦垮台，日本将失去谈判对象，在政治上极为不利。另外，为保护各自在华的既得利益，西方列强可能联合对付日本。其二，渤海湾冬季封冻后，交通和运输均十分困难，不利于实施大兵团作战。基于上述两个方面的考虑，伊藤博文主张用海军舰船运送陆军部队进攻威海卫和台湾，歼灭北洋舰队并占领台湾。日本战后出版的甲午战争史著作认为，"作为文官的伊藤首相从政治策略的观点出发，指导了大本营的作战，压抑了只从作战的角度来考虑的军人。从而避免了长期进行的消耗战。战争的领导问题，由于伊藤首相而一元化了，军事被放在有利于政治策略的问题上。"

1894 年 12 月 6 日，日本联合舰队司令长官伊东祐亨中将向日军大本营提出建议：在冰雪封冻的渤海湾实施登陆有诸多严重困难，"如欲继续作战，莫如进兵山东半岛，海陆夹击，歼灭北洋水师"。

经过慎重研究，日军大本营决定接受伊藤博文和伊东祐亨的建议，大幅度改变原定作战计划，决定组织实施旨在全歼北洋舰队的山东半岛战役。日军大本营立即编成以第二军司令官大山岩大将为主帅的"山东作战军"，兵力达 25000 余人。其编成情况见下页表。

日本山东作战军编成概况表

山东作战军	第二师团	步兵第三旅团
		步兵第四旅团
		骑兵第二大队
		工兵第二大队
	第六师团	步兵第十一旅团
		混成第十二旅团
		骑兵第六大队
		工兵第一大队
		工兵第六大队

12月16日，日军大本营向海军联合舰队发布作战训令："护送第二军上陆，并与之配合，占领威海卫，消灭敌舰队。"伊东祐亨随即命令出动舰艇赴山东半岛东部近岸海区，实地侦察选择登陆地点，并派军舰护运陆军部队从日本广岛航渡至大连湾集结，以待机渡海南攻山东半岛。

日本联合舰队经过多次实地侦察，确悉北洋舰队仍驻泊于威海卫军港。考虑到威海卫军港的海上当面建有坚固防御阵地而难以攻破，因此日军决定选择清军防御力量相对薄弱的荣成湾作为登陆场，计划部队在此登陆后向西北方向挺进，从侧后方进攻北洋舰队集泊的威海卫军港。

位于山东半岛最东端成山角西南的荣成湾，西距威海卫的水路约30海里。此处湾口宽阔达4海里，易于躲避强烈的冬季西、北风，泥质的底滩宜于舰船受锚。荣成湾东北岸的龙须岛至落凤岗一带有一段长达千余米的平坦沙地；汽艇可驶至距岸边3米处，舢板则可直接冲滩抵岸。由于清朝政府此时专注于京津方向的防务，以致山东半岛的陆上兵力较为单薄。主持山东半岛军政事务的山东巡抚李秉衡手中掌握兵力48个营计17000人；他确定从四个方向防御日军登陆，却以荣成湾方向部署的兵力最弱，仅有4个营不足1500人。

日军登陆行动在1895年1月19日开始实施。为迷惑中国守军，隐蔽其荣成湾登陆的真实意图，联合舰队提前一天出动多数军舰到登州（今蓬莱）连续炮击岸上守军；同时出动数艘军舰到威海卫军港外巡弋以监视北洋舰队动向。当日中午，集结于大连湾的日本新编"山东作战军"第一批登陆攻击部队15000人登上运输船，在联合舰队主力的护航下，驶向山东半岛。次日下午，登陆船队抵达荣成湾。

日本海军4艘先遣舰艇已于当天凌晨先期驶抵荣成湾，并发炮轰击守军。在岸上驻守的清军分队兵员极少，被迫向西撤退。日军登陆船队到达后，先未敢贸然行事，在向岸上进行两个小时的炮火袭击后，才开始实施登陆行动。此时，荣成湾海岸白雪覆盖，日军登陆部队的行动诸多不便，而北洋舰队却安泊于近在咫尺的威海卫军港，竟对日军登陆行动未有任何抗击的动作和举措；日军终于又

日军部队在冰雪覆盖的荣成湾实施登陆，
再度未遭遇清军部队的抗登陆行动。

得以重演其在辽东半岛花园口从容登陆的上一幕，并将继续重演其由侧后方向抄袭中国军港的下一幕行动。

日军第一批登陆部队的整个登陆行动持续到次日才结束。而在第一批登陆部队刚刚上岸之后，日军就一面迅速巩固滩头阵地，一面立即出动先头部队向西进犯，于20日进抵荣成县城。此时清朝地方官员和驻军部队早已望风而逃，日军不战而据荣成县城。21日，日军第二批登陆部队抵达荣成湾，司令官大山岩大将亦随同到达，并于次日全部登陆完毕。日军第三批登陆部队于23日抵达，并于当天全部登陆完毕。在为期四天的三次登陆行动中，日军未遭遇中国岸上守军的任何抗击行动，共有34600人和3800匹战马及其他作战辎重顺利上岸。25日，大山岩司令官到达荣成县城并设立山东作战军司令部，立即着手准备进犯威海卫军港。

登陆后的日军部队迅速整合部队，向荣成县城挺进，以期从陆上后路包抄威海卫。

第三节　海陆夹击威海卫

在获悉日军部队在荣成湾实施登陆之后，负责主持山东防务的山东巡抚李秉衡却依然错误地认为日军"难免不从西面乘隙上岸"，因此并没有调集精干兵力对荣成湾方向的登陆之敌实施反击行动，从而在客观上使得在冰雪严冬中匆忙上岸的日本"山东作战军"在荣成赢得了两天宝贵的时间进行必要的休整。

1月25日，大山岩大将指挥"山东作战军"部队分左、右两路西犯威海卫方向：左路（南路）为师团长佐久间马太中将指挥的第二师团部队，自荣成经桥头、温泉汤、虎山，趋兵威海卫，任务是切断威海卫南帮炮台清军之后路；右路（北路）为师团长黑木为桢中将指挥的第六师团部队，从荣成取道三官庙、崮山后，直扑威海卫南帮炮台。日军的战役企图是：陆军部队首先攻占威海卫南帮炮台，此后由其后路方向抄袭威海卫城和威海卫北帮炮台；海军则由联合舰队在海上实施正面进攻，以海陆夹击之强劲攻势夺取威海卫，并全歼北洋舰队。为确保实现战役目的，联合舰队在陆军部队进犯威海卫后路的同时，以主力编队在威海卫军港外严密监视北洋舰队的动向；另派少数舰艇继续赴登州方向进行袭扰和牵制，以转移清军的注意力。

此时，清军在山东半岛各处的驻防兵力共有 61 个营约 31500 余人；除驻守威海卫的巩字军、绥字军和北洋护军 16 个营计 8000 人隶属于直隶总督兼北洋大臣李鸿章指挥之外，其余 23500 多兵力均归山东巡抚李秉衡统辖。其具体驻防情况如下表。

山东半岛清军驻防简况表

驻 地	部队番号	指挥官	兵 力		
			营	哨	人数
荣成	龙须岛 巩字中军	哨官 戴金镕		3	300
	南门外 河成左营	参将 赵得发	1		500
	南门外 济字右营	巡检 徐抚辰	1		500
	窑上 精左营	副将 阎得胜	1		500
	窑上 精健前营	都司 叶云开	1		500
	俚岛 河定右营	副将 戴守礼	1		500
威海卫	北帮 绥字军	道员 戴宗骞	6	1	3100
	北帮后路		1		500
	北海岸 新练炮队		1		500
	田村北 新练炮队		1		500
	南帮 巩字军	总兵 刘超佩	5	2	2700
	南帮后路 新练炮队		1		500
	刘公岛 北洋护军	总兵 张文宣	4		2000
	前双岛 福字军炮队	游击 谭邻都	1		500
宁海	上庄 嵩武左营	总兵 陈万龄	1		500
	上庄 嵩武后营			3	300
	上庄 福字军	副将 冯义德	2		1000
	上庄 福字军	总兵 李楹	3		1500
	城关 东字军	总兵 曹正榜	3		1500
	龙门港 裹字军	副将 曹凤仪	3		1500
烟台	嵩武军	总兵 孙金彪	3		1500
	烟台练军		1		500
	青防步队	巡抚 李秉衡	1		500
	青防马队		1		500
	抚标新军		1		500

			1		500
登 州	嵩武军	提督 夏辛酉	1		500
	登字练军		1		500
	荣字练军		1		500
	登州防军		3		1500
莱 州	莱边炮队	知府 何鸣高	4		2000
	兴字军		4		2000
胶州	青岛	炮队	1	2	600
	琅琊台 松字营马队		1		500
	石臼所 济字副中营		1		500
合　　　计			61	10	31500

北洋海军的战略基地威海卫军港，因明朝为防御倭寇之侵扰而于明洪武三十一年（1398年）在此设卫（明朝初期在京师和各地设置卫所，数府划为一个防区设卫）而得名；卫城建于港湾的西岸。威海卫港面向东北，南北两岸如同伸向海中的两只巨臂，使这个三面环山的海港形成相距约7公里的南北两岸。在从南岸顶端至北岸顶端长约20公里的地段上，修建有多座陆路炮台和海岸炮台，分别统称为南帮炮台和北帮炮台。港湾之中横亘着的刘公岛将海港分为东、西两个出入口；其出入航道上均敷设有水雷和防材。刘公岛和港湾中另两个很小的日岛和黄岛上，均修建有多座炮台，设有多门新式大炮。由李鸿章节制的绥字军、巩字军和北洋护军有16个营计8000多人，分别驻防南、北帮炮台和威海卫军港的各个据点。详情如下表。

威海卫军港陆军驻防简况表

部　队	指挥官	营　名	驻防地点
绥字军	道员戴宗骞 分统刘树德	正营	西岸北竹岛村
		副营	西岸南竹岛村
		左营	威海卫城北门外
		后营	天后宫后
		前营	神道口西南
		中营	寨子村

		中营	南岸沟儿村
巩字军	总兵刘超佩	前营	南岸城子村
		右营	皂埠嘴南
		左营	南岸海埠东乔
		后营	百尺崖所
		新右营	长峰寨村东北
北洋护军	总兵张文宣	前营	刘公岛东疃北
		后营	
		正营	
		副营	刘公岛东泓西
注：另有炮兵4个营计2000人。			

在黄海海战中受到较大损失的北洋舰队在旅顺口军港进行为期一个月的整修之后，于10月18日移驻至山东半岛威海卫军港。此时的北洋舰队尚存有"定远""镇远"（后于12月18日触礁受重伤）、"来远""靖远""济远""平远""广丙"7艘主战军舰，"镇东""镇西""镇南""镇东""镇边""镇中"6艘炮舰及其他舰船10多艘，仍然具备一定的海上机动作战能力。

日军部队从1895年1月25日开始，由荣成出发进犯威海卫方向。清军总兵孙万龄率所部嵩武军的千余人马，与由荣成方向退回的清军在桥头镇会合，以12个营5800人的兵力在25日夜开始奋勇阻击左路（南路）日军的进攻行动，当夜即毙伤日军100多人，使其进攻行动受到阻滞达两天。28日，山东巡抚李秉衡命令孙万龄率部夹攻右路（北路）日军；左路日军遂得以占据桥头镇，并立即向温泉汤方向挺进。29日，南路日军占领温泉汤，北路日军占领九家疃，对清军威海卫南帮炮台的后路构成包围的战役态势。

1月30日，日军部队对威海卫南帮炮台发起强劲攻势。北路日军承担主攻任务，其左翼部队在第十一旅团长大寺安纯少将指挥下，以优势兵力猛攻南帮陆路炮台；右翼部队则沿海岸方向从正面佯攻南帮炮台，以牵制守军兵力。

日军部队的攻势从摩天岭开始。摩天岭是威海卫南岸的制高点，此时仅由营官周家恩率 1 个营的清军驻守。摩天岭攻守战进行得异常激烈；港内北洋舰队的军舰也驶近南岸发炮助战。日军记述说："两军战正酣，山动谷鸣，地轴为倾"。清军在阵地前方埋设的地雷炸死炸伤日军多人。在敌强我弱的情况下，营官周家恩身中数弹壮烈殉国，全营官兵无一人后逃全部阵亡。攻占摩天岭的日军付出了沉重的代价，第十一旅团的少将旅团长大寺安纯亦被清军炮火轰毙于阵前。

日军部队立即利用清军摩天岭炮台的大炮，轰击其右翼部队进攻的清军杨枫岭炮台。驻守杨枫岭炮台的 1 个营守军顽强抗击数倍于己的强敌，在阵地变成火海和焦土的情况下击退敌人多次冲锋，后因伤亡过大而被迫撤离，杨枫岭炮台亦告失守。

与此同时，南路的日军部队也兵分两路，进攻清军虎山阵地。中国守军部队亦进行拼死抗击，在付出重大伤亡之后，被迫撤向西北。至此，威海卫南帮炮台的后路要隘均落入日军之手。日军部队随即对龙庙嘴、鹿角嘴和皂埠嘴等南帮海岸炮台发起夹击。

威海卫南帮海岸炮台有一个致命的缺陷，就是炮口只能指向海面，其背后面向陆地的方向缺乏防御能力。日军部队在攻占龙庙嘴炮台之后，立即利用炮台上的大炮轰击鹿角嘴炮台清军阵地，并迅速攻占之。不久，清军百尺崖阵地亦被日军攻占。

此时，威海卫最大的海岸炮台即皂埠嘴炮台开始处于日军部队的海陆夹击之中：日陆军用杨枫岭、龙庙嘴、鹿角嘴等炮台上的清军大炮对其轮番猛轰；海军联合舰队的军舰亦从海上对其实施猛烈炮击。形势十分危急，因为皂埠嘴炮台上的 6 门大口径火炮可以控制威海卫军港东边的出入口；此炮台一旦失守，日军即可在此发炮猛轰刘公岛和在军港内集泊的北洋舰队。

在万般无奈的情形下，丁汝昌于 1 月 30 日上午命令北洋舰队出动鱼雷艇运送敢死队前去炸毁炮台。12时许，正当日军刚刚冲上皂埠嘴炮台忙于悬挂日本军旗时，清军敢死队引燃炸药和地雷，"炮台突时坍塌，台上日兵飞入空中"。炸飞升空的巨石纷纷坠向北洋舰队鱼雷艇的近岸停泊处，这时清军敢死队刚刚返爬上鱼雷艇，于是发生了极为悲壮的一幕场景："艇亟退，而巨石盘空下，当泊艇处，坠入激波，入空际，退稍迟，人艇并碎矣"。此时在威海口外观战的外国海军官兵用高倍望远镜目睹了北洋舰队敢死队这一"惊心动魄"的英勇战斗场面，对此大加赞叹。

至此，日军完全攻占了威海卫南帮炮台。军港内的北洋舰队更是处于险恶的绝境之中。

日军攻占鹿角嘴炮台后，使用炮台上的大炮轰击清军阵地。晚清爱国诗人黄遵宪有诗描述在甲午战争中多次出现的此种情形云："炮资敌，我杀我！"

为避免炮械为敌军所用，驻守皂埠嘴炮台的清军在撤离时将大炮损毁。图为皂埠嘴炮台的残景。

第八章
全军覆灭的舰队

"舰队遭到毁灭性的打击，意味着整个海权体系的最后解体，不管所受打击的地点在海上何处。消灭了敌人的海上武力后，其海权的剩余部分就完全面临毁灭的境地。这就是控制海洋的基础，真正的目标也随之产生。"

——美国海军学院战略学教授威廉·耐策尔

第一节　悲情绝唱刘公岛

　　1895 年 1 月 30 日，日军完全攻占威海卫南帮炮台后，其第二师团在进攻凤林集时被北洋舰队军舰的猛烈炮火击退。次日，天气奇冷且突降大雨，日军部队被迫在野外露宿，多人冻伤。

　　2 月 1 日，为躲避北洋舰队的舰炮打击，日军部队改从西路迂回进犯威海卫城。是时，驻守威海卫城西路方向的清军分守三处：孙万龄部 3 个营守卫正面双岛河南岸大堤；李楹部 3 个营守卫右翼方向的双岛河南岸港南村，以防敌军迂回包抄；阎得胜部 5 个营扼守左翼方向的港头村，以阻止日军过河，并支援正面的孙万龄部。

　　当日午后 13 时，由陆军少将贞爱亲王指挥的日军第二师团第四混成旅团向清军孙万龄部的正面防御阵地发起攻击行动。在双岛河冰结如镜的河面上，日军士兵的进攻行动非常困难，只能"一步一颠""匍匐前进"。在丛林中，清军以交叉火力击退日军的多次冲锋。但是，清军左翼阎得胜部却在此时擅自撤退，将左翼防御阵地拱手交出。日军乘势又发起强攻，孙万龄部寡不敌众，只得后撤。2月2日，日军进犯威海卫城，因城内清军已全部溃走，日军遂不战而据之。

日军不战而据威海卫城后，立即设立司令部，部署对刘公岛北洋舰队的攻击行动。

日军攻陷后的黄泥沟炮台，显示出残酷激战的景象。

日军占领威海卫城之后，未作喘息即继续分兵进攻威海卫北帮炮台。位于威海卫城东北海岸高地的北帮炮台，由自西向东分布的祭祀台、黄泥沟、北山嘴3座炮台组成。这里地势险要，原由威海卫陆军总指挥戴宗骞率领绥字军6个营驻守。但戴宗骞所部绥字军的缺额现象在战前就很严重，且纪律败坏而缺乏战斗力；他本人在大敌当前之际也只念家私而不顾战事。在南帮炮台失陷时，戴宗骞6个营的部队已解散或溃散了5个营，这最后剩下的1个营也于2月1日哗变溃散，他成了一名仅仅拥有10多名亲近随从的"光杆司令"。鉴于北帮炮台已无兵防守，为避免北帮炮台失陷后被日军所利用，丁汝昌只得再派敢死队将炮台全部炸毁，并将戴宗骞及其亲随用船接运至刘公岛。深知自己罪不可恕的戴宗骞，不久即在刘公岛上服毒自杀。

于是，日军部队于2月2日再次不战而据威海卫北帮炮台。至此，环绕威海卫军港陆地三面的南帮炮台、威海卫城、北帮炮台尽数落入日军之手；军港东面的海上，日本联合舰队已严阵待发。日本海陆军从此可以对刘公岛、日岛炮台和集泊于军港内的北洋舰队实施强大而严密的海陆夹击。此时，北洋舰队与外界的有线电报等一切联系已经全部中断，开始陷入四面临敌的绝境。

面对危恶的战局，丁汝昌只能寄托希望率北洋舰队残部死守刘公岛，以盼陆上援兵前来解除重围。而在此一周前，丁汝昌拒绝了日本联合舰队司令长官伊东祐亨的劝降。这封劝降书，系伊东祐亨转请在此观战的英国海军远东舰队司令斐利曼特将军派人送达刘公岛。他对丁汝昌进行了一番循循劝诱："夫大厦之将倾，固非一木所能支。苟见势不可为，时不云利，即以全军船舰权降与敌，而以国家兴废之端观之，诚以些些小节，何足挂怀。仆于是乎指誓天日，敢请阁下暂游日本。且愿阁下蓄余力，以待他日贵国中兴之候，宣劳政绩，以报国恩"。丁汝昌毫不为其所动，并将这份劝降书电呈李鸿章以明心迹。

1895年2月3日，是一个天气晴朗风平浪静的日子。日本联合舰队倾巢出动发起攻击行动：以第一游击队4艘军舰在威海卫军港西口承担海上警戒任务；其余各舰列成单列纵队驶至4000余米的距离，对刘公岛及军港内的北洋舰队集泊场轮番实施猛烈炮火轰击。丁汝昌指挥舰队官兵和岛上守军部队奋起还击，双方展开激烈的火炮对射战，其"炮火之激烈，殊不下于黄海海战时也"。双方战至日暮时分，联合舰队始终未能接近港口而被迫退回海上。

白天强攻不成，只能夜间偷袭。2月3日晚，联合舰队出动2艘鱼雷艇悄悄驶入港内，去破坏航道上的防材，因守军戒备严密，仅砍断一条铁索而已。

2月4日夜，联合舰队出动10艘鱼雷艇进行偷袭。在通过航道防材时，3艘坐礁、1艘被防材所阻，其余6艘偷偷驶入港口。北洋舰队警戒艇发现敌情后立即发出红色信号报警，并向日军鱼雷艇开火。是时为5日凌晨5时许，丁汝昌正在"定远"旗舰上与诸位将领们商议战事，忽见报警火箭升空，得悉日艇入港偷袭。丁汝昌立即登上甲板观察敌情，但"定远"舰发炮时却无法辨清敌艇目标。为便于观察，丁汝昌下令暂停炮击。片刻后硝烟散开，忽见到"定远"舰左舷正横约千米处的海面有黑物驶来，未待丁汝昌下令，"定远"舰水兵又发炮轰击。而就在"定远"舰大炮击毁高速驶来的日军鱼雷艇时，"定远"舰也被日军鱼雷艇发射的鱼雷击中，舰体剧烈震荡。丁汝昌只得下令将"定远"舰立即驶到刘公岛南岸浅滩处搁浅，将其充作海中炮台使用。

2月5日，日本联合舰队在白天继续对军港东、西两口实施猛攻，均被北洋舰队和刘公岛、日岛炮台的守军协力击退。夜间，日军再次出动鱼雷舰队进行偷袭，击沉"来远"巡洋舰、"威远"练习舰和"宝筏"布雷舰等。

鉴于北洋舰队又有数艘军舰被击沉，伊东祐亨认为大举全歼北洋舰队的时机已经成熟。2月7日上午7时30分，联合舰队再次倾集出动，在驶至距刘公岛5000米处时，发起猛烈的炮火攻击。

刘公岛炮台守军立即发炮还击。日方战后出版的《日清战史》记述了激战的场面：清军炮火"命中极精确，无数炮弹飞来，在我诸舰前后左右坠落"；"敌更不屈，异常善战、炮声轰鸣，硝烟蔽海，战斗至为激烈。"

在进攻刘公岛炮台的同时，日军舰艇还与占据南帮炮台的陆军部队一起，用炮火夹击港湾中的日岛炮台守军。驻守日岛炮台的30名中国水兵顽强发炮还击。当时参战的洋员肯宁咸记录了当时的激战情形："从战斗开始到停止，日岛当着南岸三炮台的炮火；地阱炮升起来后，更成了那三炮台的标的。这些炮并没有附着镜子，所以升炮的人一定要到炮台上面去，结果这些人立刻就受到对方炮击，这是很危险的职任；可是那些年轻的水兵仍旧坚守着这些炮，奋勇发放。一次，三个水兵守着一门炮，冒着凶猛的轰击，其中有一个因炮弹爆发，颈上、腿上和臂上三处受了伤，可是一等伤处裹好，他仍旧坚决回到他的职守，只手助战"。日方的战史资料也记载说："此役，敌炮台颇能战。以八门大炮抗击我舰队二十余只，运转巧妙，猛射我各舰"。在激战中，日岛炮台的弹药库被日军炮火击中，引起剧烈爆炸，丁汝昌只得命令派舰艇将日岛守军接回刘公岛。

2月8日，白天是一番激战后可怕的平静。入夜，日军舰偷入威海卫军港东口，用炸药炸毁航道上的防材并用巨斧砍断拦阻铁索。威海卫军港东口的航道从此完全敞开了，但更加危险和更加致命的"缺口"却是来自刘公岛守军的内部。

从2月2日日本海陆军对威海卫军港构成严密合围并实施强大海陆夹击行动时起，北洋舰队和刘公岛守岛，与日军进行了持续长达一周时间的昼夜鏖战。白天要进行激烈的火炮对射战，夜间还得防备日军鱼雷艇的偷袭。气温极低，寒风呼啸，弹药即将耗用殆尽，死伤兵员日见增多而陆上援军的音讯渺茫无盼。这一切，使刘公岛上相当数量清军官兵的士气日益低落，斗志逐渐瓦解。在此情形下，在北洋舰队任教的一些洋员按照西方的战争道德观念，大肆散布失败的悲观情绪，鼓动清军官兵要求停战投降。2月8日，英国人泰莱（北洋舰队教官）、克尔克（刘公岛医院医生）、德国人瑞乃尔（陆军炮术教官）等洋员在刘公岛上与威海卫水陆营务处候选道牛昶炳等人密谋投降事宜。当天午夜，泰莱和瑞乃尔去面见丁汝昌，"说明现在之境地，并劝其可战则战，若士兵不愿战，则纳降实为适当之步骤"。丁汝昌当面严辞拒绝向日军投降，并到屋外安抚兵勇们，说援兵快要来解围，要求大家同心协力继续坚守战位。

战局至此已彻底无法逆转。2月10日下午，为免资敌，丁汝昌和刘步蟾忍痛下令炸沉北洋舰队"定远"旗舰。当夜，悲愤难禁的刘步蟾服毒自杀，以死殉国，时年仅43岁。担任北洋海军右翼总兵兼"定远"旗舰管带的刘步蟾（1852—1895），是中国近代非常杰出的一位爱国海军将领。他于1867年考入福州船政学堂首期驾驶班，学习勤奋，毕业考试获第一名；后被选派赴英国留学深造，曾在英国海军地中海舰队旗舰"马那多"号担任见习大副，获得优等文凭。1880年，刘步蟾奉派赴德国伏尔铿造船厂监造中国订购的"定远""镇远"铁甲舰和"济远"巡洋舰，后于1885年驾驶"定远"舰经地中海、

北洋海军右翼总兵兼"定远"旗舰管带刘步蟾。

苏伊士运河和印度洋返回中国，并担任该舰管带，获赏"强勇巴图鲁"勇号。1888年北洋舰队组建成军，年仅36岁的刘步蟾出任这支亚洲最大舰队的右翼总兵（即舰队副司令），获加头品顶戴。精通海军业务的刘步蟾为北洋舰队的初创组建，做出了重要的贡献。《北洋海军章程》等一系列海军建设的重要法规文件，都是由他具体主持制定的。由于陆军行伍出身的提督丁汝昌是海军业务的外行，因此北洋舰队"凡关操练及整顿事宜，悉委步蟾主持。"

刘步蟾长期实践和研讨海军海防建设问题，既有独到见解，又敢于直陈己见。早在学成回国之初，刘步蟾就与同学林泰曾一起，将留学心得写成《西洋兵船炮台操法大略》条陈，上报李鸿章，主张大举扩建海军，指出"非拥铁甲等船自成数军决胜海上，不足臻以战为守之妙"，要求实行积极的海上防御战略。北洋舰队组建成军后，清廷就飘飘然自我陶醉而停止扩建海军。刘步蟾对此深感忧虑，疾呼"日本增修武备，必为我患"。为此，刘步蟾亲自求见李鸿章，请求继续加紧扩建海军以固海防。当李鸿章对此未置可否时，刘步蟾斗胆慷慨陈言："相公居其位，安得为是言！且平时不备，一旦偾事，咎将谁属？"此语当时引得四座官员无不悚然，而李鸿章也竟被他这一片坦荡赤诚之情所动容。遗憾的是，由于整个封建统治集团的腐朽昏聩，刘步蟾的建议未能得以实现。甲午战争爆发后，刘步蟾郑重发出"苟丧舰，将自裁"的誓言；在黄海海战中，他代受伤的丁汝昌指挥作战，临危不惧；海战后在旅顺口军港修船期间，他出任代理提督（丁汝昌上岸住院疗伤），夙夜督工而恪尽职守。在威海卫守卫战期间，他始终全力辅助丁汝昌率部浴血奋战。刘步蟾自尽殉国后，李鸿章深感惋惜，并追忆和盛赞他当年向自己直陈御日之计的举动。清廷谕令，对刘步蟾照提督阵亡例从优赐恤，世袭骑都尉加一等云骑尉。

刘步蟾之死，几乎标志着这支曾经雄冠亚洲的北洋舰队确实走到了彻底覆败的尽头。面对再一次前来逼降的部分士兵，丁汝昌只能慨然说道："你们想杀我可立即动手，我怎么会吝惜这条性命？"最后，丁汝昌下令炸沉所有残存的军舰，竟无人响应执行。在万般无奈和极度绝望之中，丁汝昌最后也服毒自尽，终年59岁。随后不久，北洋扩军统领张文宣和"镇远"舰代理管带杨用霖这两位此时刘公岛上职位最高的军官也都死不降敌，相继自杀殉国。

2月12日凌晨，牛昶昞和洋员及部分军官封锁了提督丁汝昌的死讯，再次密谋降敌事宜，由美国人浩威以丁汝昌名义写成英文乞降书，再译成中文。上午8时30分，充当投降军使的"广丙"舰管带程璧光乘坐悬挂白旗的"镇北"炮舰，将乞降书送达联合舰队"松岛"旗舰。乞降书这样写道：

"革职留任北洋水师提督军门丁，为咨会事：

照得本军门前奉贵提督来函，只因两国交争，未便具覆。本军门始意必战至船没人尽而后已，今为保全生灵起见，愿停战事，所有刘公岛现存船只及炮台军械，委交贵营，但冀不伤中西水陆官弁兵勇民人之命，并许其离岛还乡，如荷允许，则请英国水师提督为证。为此具文咨会贵军门，请烦查照，即日见覆施行，须至咨者。

右咨日本海军提督军门伊东，光绪二十一年正月十八日。"

并不知道丁汝昌已经服毒自杀的伊东祐亨在拆阅这封乞降书后，当即复信表示接受，并委托降使程璧光代向丁汝昌赠送香槟酒等数种礼物。次日，伊东祐亨被告知丁汝昌在收到香槟酒等礼物后自杀（这是牛昶昞等人编造的假话）。

2月14日傍晚，牛昶昞以威海卫水陆营务处提调的身份，在联合舰队"松岛"旗舰上与伊东祐亨签署了投降书即计有11款内容的《刘公岛条约》。其内容要点如下：

1. 开列岛上中外文武各官名单，以上人员须各立誓现时不再预问战事。日方许于15日中午后乘"康济"练习舰遣返。

2. 岛上士兵须开列总数，自14日5时至15日午正止，陆续遣返。

3. 牛昶炳负责承办移交兵舰炮位之任。并将其他一切军械集中，开列清单向日方移交。日方同意"康济"练习舰不在收降之列，拆去炮械后，供遣返中外军官及丁汝昌等人灵柩所用。

牛昶炳在日军"松岛"旗舰上向伊东祐亨缴出了威海卫投降名册。投降官兵计陆兵2040人，海军3084人，合计5124人。

日军占领刘公岛北洋海军提督衙门，宣告北洋海军全军覆灭。

由于气候的影响，投降日程有所顺延。2月17日上午10时30分，在西方媒体记者的现场目击下，日本海军联合舰队的军舰耀武扬威地列队驶入威海卫军港，举行"捕获式"；北洋舰队残存的"镇

刘公岛降军集队走向铁码
头登船撤离。北洋海军的覆灭，
注定大清王朝在甲午战争中的
败局已无法扭转。

远”“济远”“平远”“广丙”“镇东”“镇西”“镇北”“镇中”“镇边”等舰全部成为日军的战利品。

同日下午16时，被卸下炮械的“康济”号练习舰运载着丁汝昌、刘步蟾等人的灵柩及遣返的中外官员，在凄冷的春雨之中哀鸣汽笛，缓缓驶离刘公岛的铁码头。

至此，清政府不惜花费巨额资金在十几年时间里苦心打造而成的浩大北洋舰队，终于宣告全军覆没。

第二节　历史检讨之二：
丁汝昌再度痛失宝贵战机

在以海军制胜的甲午战争中，中日海军在海上战场共有过三次交战。结果是北洋舰队初小损于丰岛，再受创于黄海，三则全军覆没于威海卫军港。

如果说，丁汝昌采用严重失误的阵法和战法，在很大程度上造成了北洋舰队在黄海海战中遭受较大损失；那么在此后的时间里，丁汝昌数次痛失了有利的海上作战良机，则直接铸定了北洋舰队彻底失败的终局。对此，我们很有必要进行一番检讨。

1894 年 9 月 17 日的黄海海战，固然是以北洋舰队的受创而告终。但一直被日本海军看作"甚于虎豹"的"定远""镇远"这两艘远东及亚洲最大的 7300 吨级的主力铁甲巨舰还在，加之在旅顺口军港进行了一番整修，北洋舰队仍然具备相当的海上机动作战能力。日本海军并没有经过黄海之一战而完全达到其夺取黄海与渤海制海权的海战目的；正因为如此，日军大本营才不敢就此冒险从海上输送其陆军兵团进入渤海湾登陆以实施直隶平原决战的计划。应当说，此时战局的天平，并没有完全倒向日本军队一方，战争的胜负结局尚未确定。

但令人扼腕叹息的是，丁汝昌指挥的北洋舰队在黄海海战后竟不再有任何积极的作为，在客观上将日本海军梦寐以求的制海权拱手相让，因此一步又一步将己方推向了失败的绝路。第二次世界大战苏联军队最高统帅斯大林曾经说过这样一段话："在各个国家的历史上，在各国军队的历史上，往往有这样的情形：虽然有成功和

北洋海军提督丁汝昌在四面楚歌的刘公岛上，最终选择以自杀拒降的方式，给自己不乏英勇的军旅生涯划上了充满悲剧色彩的句号。

胜利的可能性，这些可能性没有发生作用，于是军队也就失败了"。丁汝昌及其指挥的北洋舰队在甲午战争中的失败，也正是如此。

丁汝昌在战役指挥上的严重失策之一，是未能积极捕捉有利战机，坚决实施以突击日军登陆输送船队为主的抗登陆作战行动。辽东半岛的战局及旅顺口军港的失守，与山东半岛的战局及北洋舰队在威海卫军港的最终覆败，在这一点上有着惊人的相似之处。

我们知道，作战之成败，战机是一个非常重要的因素。世界战争史上历次抗登陆作战的失败，其主要原因是：一是未能在海上寻机突击敌方登陆输送船队；二是未能在敌方登陆的水际滩头对登陆部队实施猛烈而坚决的抗击。而这两个时机恰恰是登陆一方最不安全和最为耽心的时刻。在 19 世纪 50 年代初的克里米亚战争期间，俄国军队组织实施了两次漂亮的抗登陆作战：其一是在锡诺普湾，俄国海军舰队对实施登陆前的土耳其海军舰队进行突击，一举击沉击毁其 16 艘舰船中的 15 艘，粉碎了土军的登陆企图；其二是在彼德罗巴甫洛夫斯克港，俄国守军对刚刚踏上水际滩头的敌军实施坚决反击，获得了抗登陆作战的胜利。但在甲午战争中，对于日本军队在中国辽东半岛花园口的登陆和在山东半岛荣成湾的登陆，中国军队、特别是丁汝昌指挥的北洋舰队的举动，则令人大为遗憾。

日军在辽东半岛花园口的登陆行动持续达十四天之久。在登陆行动中，日军运兵舰队锚泊在口外，用汽艇牵引小舢板来运送兵员和物资上岸，在落潮时日军不得不跋涉纵深达 2000 米的淤泥浅滩，行动非常困难。在此种情形下，隐蔽性极差的日军登陆部队如果遭到北洋舰队的海上突击和陆军岸滩阵地的反击，其后果将不堪设想。但是，由于没有事先判断或侦知日军选择在花园口实施登陆，清军因此来不及调集重兵在此处岸滩设置防御阵地，而在日军登陆行动开始之后就获悉日军运兵船队的有关情况，并接到了李鸿章要求北洋舰队前往实施突击的电令，丁汝昌却在听到英国人说貔子窝海面有日军鱼雷艇活动的消息之后，竟然不敢率领舰队前去突击日军运兵船队，只在大连湾附近海域巡弋一番就返回旅顺口军港了。显然，丁汝昌及北洋舰队错失了一次很有利的抗登陆作战良机。其后果便是日军兵力顺利登陆成功并迅速展开，南下攻占金州、大连湾和旅顺口军港，从而使北洋舰队开始陷入孤寄于威海卫军港的不利局势之中。

接下来，日军在山东半岛战役中对威海卫军港的进攻，几乎是完全重演了在辽东半岛战役中对旅顺口军港的进攻过程：实施侧翼登陆→包抄陆上后路→进行海陆夹击。鉴于威海卫军港海上当面的防御十分严密，因此日军决定袭用其在辽东半岛战役中的成功战术，先出动海军舰艇在侧翼方向护送陆军部队实施登陆，包抄军港陆防之后路，达成对威海卫军港内北洋舰队海陆合围夹击的战役态势，然后再全力实现其全歼北洋舰队的战役目的。同样，在此情形下，清军能否有效组织海陆军协同作战，力争对日军的抗登陆作战胜利，又成为关系战役成败和北洋舰队存亡乃至整个甲午战争结局的关键。

对于日军在荣成湾的登陆行动，清军不仅早就有所预闻，而且在一周前就获得了较为确切的情报。李鸿章曾将日军登陆的情报及时电告给丁汝昌，并命令他率北洋舰队适时出击，清廷也下达了要求北洋舰队出港击敌、阻敌登陆的明确谕令，这些谕令无疑都是丁汝昌率北洋舰队大胆实施抗登陆作战的有利条件。而且，当时正值严冬时节，冰雪覆盖大地，无疑给日军部队的登陆行动增添了诸多困难；不用说受到北洋舰队的全力突击，即使是受到若干舰艇的袭扰，日军部队的登陆行动也会陷入一片混乱之中。但是，丁汝昌却没能利用上述有利条件去积极捕捉有利战机，适时率舰队开赴距威海仅 30 海里的荣成湾去突击日军的登陆运输船队，再一次痛失了难得的作战良机。日军部队在荣成湾顺利登陆成功后，联合舰队司令长官伊东祐亨曾坦率地承认说："如丁汝昌亲率舰队前来，遣数只鱼雷艇，对我进行袭击，我军焉能安全上陆耶！"为其未受到北洋舰队的海上攻击而顺利完成历时四天的登陆行动，而深感庆幸不已。

丁汝昌在战役指挥上的严重失策之二，是率北洋舰队消极株守威海卫军港，坐以待毙。从海军军事学术上说，海军舰队就是一支海洋上的"野战军"，它的主要作战形式是海上机动作战；它的主要威力是攻击；它的用武之地与建功立业的疆场是广阔的海洋。一旦失去海洋，海军舰队就失去了机动攻击作战的可贵空间而陷入"虎落平川、龙困浅滩、英雄无用武之地"的困境，等待它的必将是被动挨打，直至失败。即使是防御作战中，海军舰队也应该积极寻找敌方之弱点，捕捉可能出现的有利战机，以袭击战战法和机动的攻击行动，去打击和歼灭敌方的海上兵力；反之，势必使舰队丧失机动力和攻击力，其结果只能是失败。这是被世界海军作战史所屡验不爽的一条真理。如1770年的切什梅海战，1853年的锡诺普海战，1884年的中法马尾海战，1904年至1905年的旅顺口海战，都概莫能外；而北洋舰队的威海卫之战，则是更加愚蠢和更加突出的一个例证。

丁汝昌没有适时率舰队出港突击日军登陆运兵船队，业已错失有利的作战良机；而在日军部队完成登陆步骤，包抄威海卫军港陆防后路并对军港达成海陆合围夹击的战役态势之后，丁汝昌竟依然继续无视上级的军令（下文详细论及），拒不采取积极的行动，而是继续率舰队消极地株守军港。这就不能不使北洋舰队陷入"瓮中之鳖"的绝境，无异于作茧自缚了。

第三节　历史检讨之三：
北洋舰队株守军港的真相和丁汝昌的悲哀

黄海海战后的北洋舰队，在从旅顺口军港移驻威海卫军港之后，就没有再实施积极的海上机动，基本上是一直株守在威海卫军港坐以待毙，最终落得全军覆没的结局。

为便于下文的论析，我们在此不妨作这样一种设问：当时北洋舰队究竟能否寻得一条相对可行且有效的作战对策呢？实际上，北洋舰队当时面临有三种选择：

其一是株守军港以待援兵，实为最下策；

其二是出海与日军舰队拼战，可谓中策；

其三是以袭击战战法打击敌方登陆运兵船队，在近海区域，在清军海岸炮火的掩护下，实施积极机动以求寻机击敌，堪称上策。

若采用中策，虽可与日本海军拼个鱼死网破，但对整个战局不利，而且此时双方舰队实力之对比，已不同于黄海海战之前。若取用上策，首先是攻击敌方登陆运兵船队，断其归路与接济；再就是依托清军岛岸火力掩护同敌交战，则可"依辅炮击，以收夹击之效"。

倘若丁汝昌不是采取消极防御、株守军港以待援军的下策，而是采取积极防御和以攻为守的战役指挥，指挥舰队隐蔽攻击日军登陆运兵船队（敌在我之侧方作横向航渡，我对其攻击是有利的），并把攻击的主要目标指向日军登陆运兵船队，即使付出一定代价，也完全可以消灭日军相当一部分登陆兵力，并有可能挫败日军登陆企图。退一步设想，即使在最不利的情况下，也可能不至于落得一个丧师失地、彻底覆灭的结局。但令人特别遗憾的是，丁汝昌恰恰采用了株守军港以待援兵的下策，主动将活的舰队株守在死的军港里以待援兵，这几乎是为待援兵而待援兵的愚蠢的作茧自缚之举，实在令人费解。

几十年来出版的有关中国近代史、甲午战争史和甲午海战史的著作，几乎都无一例外地将北洋舰队株守军港的责任推到李鸿章身上，指责李鸿章在甲午战争中始终坚持"避战保船"的方针，严令丁汝昌率北洋舰队株守军港坐以待毙。这一指责的主要依据，是晚清文人姚锡光（山东巡抚衙门幕僚）的私家著述《东方兵事纪略》。就是这部根本就不足置信的私家著作，居然还用文学的语言绘声绘色地演绎了李鸿章对丁汝昌的训斥——"汝善在威海守汝数只船勿失，余非汝事也！"

其实，从严格的意义上说，在研究当时的战局，特别是作战指挥的问题时，私家著作的可信度是相对很低的，绝不应成为我们对上述问题做出结论的唯一或主要的史料依据。而诸如《清实录》《清光绪朝中日交涉史料》等官方档案和《李文忠公全书》等当事人的档案资料，则无论如何绝不应被研究者们所视而不见。这些史料恰恰是我们在研究这一问题时不能不以之作为重要依据的，因为这类档案资料是当时大清王朝的军政机构进行决策和作战指挥处置的真实原始记录，无论其内容或是正确，或是错误，或是介乎二者之间，都是清朝军政当局在当时关于战争及其指挥处置行为的第一手原始资料，均非常重要并值得深入进行查考研究。

在对上述官方档案等第一手原始资料作出详细查考之后，我们不难得出一个明确的结论：当时李鸿章根本从未严令丁汝昌及其北洋舰队始终株守军港；恰恰相反，李鸿章曾多次向丁汝昌直接下达了关于北洋舰队在一定海区和一定条件下积极实施机动、寻机击敌的作战指令（以下李鸿章给丁汝昌等人的电报，均见自顾廷龙等主编《李鸿章全集·电稿》第二、三卷，上海人民出版社1986年、1987年版）。

从1894年7月25日甲午战争爆发直至9月17日黄海海战期间，李鸿章一再命令北洋舰队"出海巡游""相机攻敌"，对日本海军实施"迎击""截击"，并没有命令丁汝昌率舰队株守任何一座军港而作所谓的"避战保船"；只是在8月1日电令中有过一次"保全坚船"的指令。李鸿章在这里所说的"保全坚船"，是指北洋舰队不要轻率"浪战"，并非专是为保舰而保舰；而是要北洋舰队集中力量去袭击日军运输船队并保证己方海上运兵线的安全。这是要"保船制敌"，它与消极的"避战保船"是两个完全不同的概念。

黄海海战之后，李鸿章对丁汝昌及其北洋舰队的指挥情况主要是：

黄海海战的次日即9月18日，李鸿章就打电报到北洋舰队返泊的旅顺口军港，指示丁汝昌："各舰损伤处，赶紧入坞修理，防日船复扰"；22日，电令代理提督刘步蟾"妥慎代理，催船坞速修'定'、'镇'，余以次修理，勿得贻误军情"。随后，李鸿章向丁汝昌下达了一系列修舰出巡的电令，主要内容是："信息日紧，即不能制敌，亦可在口外近边巡弋，使彼知我非束手待毙"；"督催修理各船早竣，以后专在北洋各要口巡击，倭犹有忌惮也"；"师船速修，择其可用者，常派出口外，靠山巡查，略张声势"；"'定'、'镇'二船择要修理，此二船暂往来威、旅间，日运兵船必不敢深入，关系北洋全局甚大"；"'定'、'镇'、'靖'、'济'、'平'、'丙'六船，必须漏夜修竣，早日出海巡弋，使彼知我船尚能行驶，其运兵船或不敢放胆横行，不必与彼巡战，彼亦虑我蹑其后。现船全数伏匿，将欲何为？用兵虚虚实实，汝等当善体此意"；"鄙意出海可相机趋避，遥为牵制，彼运兵多船，当不敢深入也"；"我海军出巡威、湾、旅一带，彼或稍有避忌，勿先自馁"。

10月18日，丁汝昌率北洋舰队由旅顺口军港移驻威海卫军港。24日，日军部队进攻鸭绿江防线，并在辽东半岛花园口开始实施登陆行动。此后，李鸿章连续电令丁汝昌："何时至旅，相机探进，不必言死拚"；"敌踪距旅若干里，旅本水师口岸，若船坞有失，船断不可全毁"；**"寇在门庭，汝岂能避处威海，坐视溃裂！速带六船来沽，面商往旅拚战"**（姚锡光的《东方兵事纪略》竟然凭空杜撰出所谓李鸿章此时训斥丁汝昌"汝善在威海守汝数只船勿失，余非汝事也"的子虚乌有情节）。由于丁汝昌未能率北洋舰队及时采取积极动作，旅顺口军港于11月22日被日军顺利攻陷。

在上述期间，李鸿章一是主张尽速修复战舰；二是主张北洋舰队在旅顺口、大连湾和威海卫一带海域巡弋警戒，对日军构成一定的海上威胁以阻其从海上运兵进入渤海湾实施登陆；三是反对北洋舰队与日本海军作拚死战。其总的要领是使北洋舰队迅速恢复海上机动作战能力，以虚实结合的近海积极机动对敌构成威胁，阻敌入渤海湾登陆。由于此时朝鲜战场已不复存在，清军赴朝的海上运输线问题也已随之无存，因此李鸿章将北洋舰队的海上机动范围大致规定在旅顺口、大连湾和威海卫一线。然而，即使是李鸿章上述稍显保守的固守渤海海峡的作战主张，丁汝昌也未予认真执行。李鸿章虽对丁汝昌"全船伏匿""避处威海，坐视溃裂"等举动提出严肃批评，并多次电令其率舰队出港巡击，但都被丁汝昌以种种理由或借口进行搪塞而未能兑现。因此，在事关作战大局的旅顺口军港失守问题上，李鸿章固然应承担一定责任；但丁汝昌统率的海军兵力完全是消极而无所作为的，其应承担的直接责任当属无法推卸！丁汝昌消极对待上级军令，这一点在后来的威海卫守卫战中表现得更加突出，贻害更大。

在旅顺口军港刚刚失守两天后即 11 月 24 日，李鸿章就敏锐地判断出日军下一步的作战主攻方向（此时日军正在酝酿发动山东半岛战役）。他在这一天电示丁汝昌："旅顺既失。又有攻扑威海之说，须会商陆军将领督饬各船主妥筹调度，实力防剿"。11 月 27 日，李鸿章总结了旅顺口军港失守的教训，向丁汝昌，戴宗骞等威海卫海陆军将领们发出了一份正式作战训令：

"旅失威益吃紧，湾、旅敌船必来窥扑，诸将领等各有守台（即炮台，下同）之责。若人逃台失，无论逃至何处，定即奏拿正法。若保台却敌，定请破格奖赏。闻日酋向西船主言，甚畏'定'、'镇'两舰及威台大炮厉害。**有警时，丁提督应率船出，傍台炮线内合击，不得出大洋浪战，致有损失。**戴道（戴宗骞）欲率行队往岸远处迎剿，若不能截其半渡，势必败逃，将效湾、旅覆辙耶？汝等但各固守大小炮台，效死勿去。且新炮能及四面，敌虽满山谷，断不敢进，多储良药，多埋地雷。多掘地沟为要。**半载以来，淮将守台守营者，毫无布置，遇敌即败，败即逃走，实天下后世大耻辱事。汝等稍有天良，须争一口气，舍一条命，于死中求生，荣莫大焉！**"

李鸿章在这份作战训令暨最后的战斗动员令中，明确提出了海陆军密切配合，军舰与海岸炮台协同作战的基本原则。

配置在刘公岛东泓炮台上的大口径火炮，
可与港湾中的北洋舰队军舰合力抗敌。

冰封雪盖的茫茫渤海，使李鸿章暂且得以释下日军可能在渤海湾内登陆进而重兵直驱北京的担心，将注意力集中于山东半岛的防卫作战。在这最后的作战阶段中，李鸿章对北洋舰队和威海卫驻军的作战指令，其基本情形如下。

12月1日，李鸿章电令加强威海卫陆路炮台的后路防务，"择要筑行炮土台，多掘沟道，以备设伏，避敌枪炮"。12月25日，李鸿章通报日军部队将在荣成湾龙须岛"欲渡兵上岸"的敌情，令丁汝昌"应速统现有师船赴龙须岛、成山一带巡探，如日船少，即设法驱逐，否则，听其由后路包抄，则威危而兵船无驻足之地，弟获罪更重矣"。但丁汝昌回电说："艳电悉。昌遵即饬船艇备便出海，惟据马格禄（北洋舰队英籍总教官）云，军船威海相依为命。

与其全队出海滋疑，且遇一二敌船，亦宜暗袭，若明攻，彼必远飏，不能接战。又恐趁我全出，以大队封我海口，不如伊带三艇出探，若实有倭兵登岸，即速回报，再与昌率全队前往拚战等语。刻已定：马带三艇，今夜开行，昌令六船余艇备便汤汽，候报即发"，丁汝昌算是找足理由婉拒了李鸿章要求其"速统现有师船"出海击敌的命令。

1895 年 1 月 8 日，李鸿章电告威海卫海陆军诸将领，"连日迭据探报，倭有猛扑威海之说，又成山有倭船数只，来往游弋"。1 月 13 日，李鸿章再示丁汝昌："查倭如

刘公岛上构筑的长墙防御工事（海岸远端是东泓炮台），也未能抵挡住日本海陆大军的猛烈攻势。

犯威，必以陆队由后路上岸抄截，而以兵轮游弋口外，牵制我师"。李鸿章对敌情的这一预断，为战局后来的发展所完全证实。他同时还向丁汝昌传达了朝廷的作战指令："第念海军战舰数已无多，岂可稍有疏失，如遇敌船逼近，株守口内，转致进退不得自由，应**设法调度，相机迎击，以免坐困**"。1 月 15 日，李鸿章电告丁汝昌有关日军部队将大举进攻威海卫军港的敌情："倭第三军二万二千人欲往威海，今成山西南有倭轮抛锚，似系先来试探，其大队恐将

踵至"。果然在几天之后，日军部队于1月20日开始在荣成湾实施登陆；其整个登陆行动一直持续了四天时间。

对于日军部队在山东半岛荣成湾的登陆行动，李鸿章不仅在事前一周就向丁汝昌作了明确通报，而且还下达其本人并传达了朝廷的一系列作战命令。1月20日18时，李鸿章传达朝廷谕令给丁汝昌，要求**"水陆各军，严密防守，力与相持，勿令乘隙登陆，是为至重"**，又一次明确提出了抗敌登陆的重要意义。1月21日22时，李鸿章再次传达朝廷谕令给丁汝昌："海军战舰，必须设法保全"。1月22日上午10时，李鸿章电令刘公岛前敌将领："口外如有敌船窥窜，丁军门自应开出口门，与炮台夹击"；当天晚上20时，李鸿章再次电令丁汝昌："口外有无敌船？若敌船少，应出击，多则开往口门，与炮台夹击"；当天深夜22时，李鸿章又向威海卫海陆军诸将领转达了朝廷的谕令："在防各军，固结兵心，并力截击，不得临敌畏却，致误大局。**闻敌人载兵，皆系商船，而以兵船护之，若将'定远'等船齐出冲击，必可毁其多船，断其退路"**。1月23日中午12时，李鸿章电令丁汝昌：**"若水师至力不能支时，不如出海拚战斗，即战不胜，或能留铁舰等退往烟台。希与中外将弁，相机酌办为要"**，在此明确授权丁汝昌可以酌情相机率北洋舰队实施突围行动。

但是，在日军部队于1月19日至23日从冰雪覆盖的荣成湾实施登陆的几天时间里，丁汝昌置李鸿章和朝廷关于出港击敌的多次明令于不顾，始终率北洋舰队消极株守于威海卫军港内。李鸿章对丁汝昌这位跟随自己多年的老部下大为恼怒，于1月24日深夜22时专门打电报到刘公岛，对丁汝昌大加痛斥：**"丁系戴罪图功之员，乃胆小张惶如是，无能已极！"**

鉴于日军部队业已在荣成湾完成登陆行动，必将对威海卫军港实施战役规模的海陆夹攻，李鸿章又多次电令威海卫海陆军将领，加强炮台陆防，组织海陆军协同作战。1月27日晚20时，李鸿章接受有关人员对战局的分析与建议，致电丁汝昌等："就现有铁舰快船四五号，疾驶至成山头一带，顷刻可到，袭其运兵运械接济船及游弋之船，得利则进。如彼大队来追，则收至威海船台相倚，倭必受伤。威海得力在炮台，故倭避水而袭陆，使我炮台无用。若使海军数船扰之，则正可引之，使来台下受我炮耳。彼若用水师攻台，贼船虽多，大半皆系运船，不能破我台也。半年来，贼船终不敢近威海，其情可见。或虑战败船毁，不知威海若失，海军已无老营，寥寥数舰，然后贼从容图攻，终归不支。趁此时威海炮台未失，赶紧用之，犹有万一之望，不然台亦不能久存矣。若彼来攻台，我辅以数舰，则是一台变为数台，一船变为数船也。此举似乎孤注，**然事机危急，断无束手受攻之理**。此乃审敌情，尽人事，实非孤注"。在这份电报命令里，李鸿章是耐心细致地向丁汝昌解析了军舰、军港、炮台三者互相依存的内在关系，要求他充分发挥军舰机动作战的优势，与炮台合力击敌。1月29日晚20时，李鸿章又向丁汝昌等前敌将领们传达了朝廷的作战谕令："**此时救急制胜，舍断其接济、助台夹击，更无别法，绝无株守待攻之理！**"

上述一系列的文电命令，非常明确而坚决。但丁汝昌还是无动于衷，依然继续率北洋舰队龟缩在威海卫军港内，只是将一批活军舰充做一群死炮台，进行了效果有限的抵抗。1月30日，日军部队攻陷威海卫南帮炮台。2月1日8时和16时，李鸿章给威海卫刘公岛上的丁汝昌发去两份电报，随后外界与威海卫方面的有线电报联系就被日军切断，他对北洋舰队的遥控电信指挥就此而终止。次日，日军攻陷威海卫城和北帮炮台；集泊于港内的北洋舰队虽经苦战，但终于在2月中旬以丁汝昌等将领的自杀和余部降敌而宣告全军覆没。

李鸿章曾于1月23日中午12时明确授权丁汝昌可率北洋舰队突围："若至水师力不能支时，不如出海拚战，即战不胜，或能留铁舰等退往烟台"。但特别愚蠢的是，丁汝昌却于第二天下午16时回电表示：**"除死守外，无别策。至海军如败，万无退烟之理，惟有船没人尽而已！"**丁汝昌是下定了战死在威海卫军港的决心。

从作战指挥程序上说，李鸿章身兼直隶总督与北洋大臣之双重身任，负责创建与统辖北洋舰队，是北洋舰队提督丁汝昌的直接上级；而朝廷则是国家的最高决策和统帅机构。来自直接上级和国家最高统帅部的前述作战命令，无不明确而坚决，根本没有出现足以使丁汝昌及北洋舰队无所适从或难以适从的矛盾与牴牾。而除此之外的任何个人或任何一级机关，均无权直接对北洋舰队的作战行动发号施令。那么，在此就产生了这么一个令人疑惑不解而又必须弄清楚的问题：丁汝昌究竟为什么一直违抗上令而执意采用率领北洋舰队株守军港战至船没人尽的下策呢？

关于丁汝昌是否事先就清楚采用株守军港之下策的严重恶果，有一份电报给我们提供了最好的佐证。这就是1895年1月中旬日军尚未在荣成湾实施登陆之前，丁汝昌与北洋舰队总教官马格禄等联名打给李鸿章的电报，汇报了他们对战局的分析与判断："汝昌、格禄早与刘镇及诸将等再三筹画，若远出接战，我力太单，彼船艇快而多，顾此失彼，即伤敌数船，倘彼以大队急驶，封阻威口，则我船在外，进退无路，不免全失，威口亦危。若在口内株守，如两岸炮台有失，我船亦束手待毙，均未妥慎。窃谓水师力强，无难远近迎剿，今则战舰无多，惟有依辅炮台，以收夹击之效。查威、旅海口情形迥异，旅顺口窄澳狭，船必候潮出口，非时不能转动，临阵不能放炮，既能依辅炮台，又实无益陆路。威海则口宽澳广，随时可以旋转，临敌可以攻击，事势不同。倘倭只令数船犯威，我军船艇可出口迎击，如彼大队全来，则我军船艇均令起锚出港，分布东西两口，在炮台炮线水雷之界，与炮台合力抵御，相机雕剿，俾免敌舰闯进口内。即使陆路包抄，南北两岸师船，尚可支撑攻击彼船。若两岸全失，台上之炮为敌用，则我军师船与刘公岛陆军，惟有誓死拚战，船没人尽而已"。丁汝昌这份讲得头头是道的电报，不仅对战局作了较为客观如实的分析和判断，而且更重要的是表明丁汝昌完全清楚北洋舰队一味株守军港的恶果是"束手待毙"。

接下来的问题是：丁汝昌又为什么一直违抗上级军令而执意采用他本人非常清楚其恶果的株守军港之下策呢？

根据现有的史料来分析和判断，只有丁汝昌本人当时身处的"戴罪"境地是造成这一不幸抉择的主要原因。在此不妨略作追溯。

在北洋舰队于丰岛海战初受小挫之后，丁汝昌就遭到朝廷一批高官的奏参。1894年8月26日，朝旨发布谕令将丁汝昌革职；后经李鸿章数次上奏恳求，方得以"暂免处分"，但日后"倘遇敌船猝至，有畏缩退避情事，定按军法从事，决不宽姑。"可以说，在甲午战争刚刚打响后，丁汝昌就身陷劣境，开始背上了沉重的精神包袱。

曾是淮军骁将的丁汝昌早年在镇压太平军和捻军时统领马队而屡立战功。图为他早年统带骑兵部队时穿用的陆军战服。

北洋舰队在黄海海战受创之后，丁汝昌再遭朝廷众多高官的奏参。11月16日，朝廷发布上谕："近日旅顺告警，海军提督丁汝昌统带师船，不能得力，著革去尚书衔，摘去顶戴，以示薄惩。仍著戴罪图功，以观后效"。11月22日，旅顺口军港失守，朝廷于26日再度发布上谕："该提督（即丁汝昌）救援不力，厥咎尤重！丁汝昌著即革职，仍暂留本任，严防各海口，以观后效"。此时的丁汝昌，几乎无异于落入冰冷的深渊。

在山东半岛战役中，身处抗敌作战最前线的丁汝昌始终处于戴罪留任、以观后效的心理重压之中，内心悲凉而情绪低落，更是难以自如指挥战事。1895年1月24日，丁汝昌曾打电报给李鸿章，说"至海军如败，万无退烟之理，惟有船没人尽而已。旨屡催出口决战，惟出则陆军将士寒心，大局更难设想。"

丁汝昌不仅深知北洋舰队株守军港只能招致坐以待毙的恶果，而且更是知道自己若能侥幸活到甲午战争结束，必定会被无情地送上刑部的断头台。

因此，在威海卫守卫战期间，丁汝昌特地雇请6名木匠为自己专门打制了一口棺材，并亲自躺进去测试尺寸是否适合自己的身躯。丁汝昌因戴罪至重之身而难思振作的悲凉绝望心境，可见于他在1895年1月27日写给威海卫陆军统领戴宗骞的一封亲笔信"汝昌以负罪至重之身，提战余单疲之舰，责备丛集，计非浪战轻生不足以赎罪。自顾衰朽，岂惜此躯？惟目前军情有顷刻之变，言官逞论列曲直如一，身际艰危尤多莫测。迨事吃紧，不出要击，固罪；既出，而防或有危而不足回顾，尤罪；若自为图，使非要击，依旧蒙羞。**利钝成败之机，彼时亦无暇过计也**"。这段亲笔写下的文字，是丁汝昌在大势已去和军心日趋涣散的情况下，身负重压、矛盾重重、进退维谷而走投无路的悲凉内心之真实供述。

丁汝昌是一位充满悲剧色彩的清军高级将领。在进退无路而无以解罪的境况下，他执意选定株守军港"战至船没人尽而已"的终途，也算是对自己一种无奈的终结解脱了。

丁汝昌的悲哀，不仅在于他是海军外行而被委以海军舰队指挥之重任，在黄海海战中以严重失误的战术运用使北洋舰队遭受较大损失；更在于他本人并非是一个贪生怕死之徒。在历次战斗中，丁汝昌几乎总是亲自出现在战斗第一线而视死如归；后来又严词拒绝了日军将领的劝降和部下的逼降，最终冀望以自杀殉职的方式守住自己的"终节"。但是，丁汝昌在劣境之中过多地考虑自己个人的进退出路，置战争大局和舰队提督之职守于不顾而株守至死的最终抉择，毕竟是以最愚蠢的方式，将清政府耗费巨资苦心经营多年且国人付之以御侮厚望的一支庞大舰队彻底葬送掉了。

北洋舰队提督如果不是陆军行伍出身的海军门外汉丁汝昌，而是一位精通海军战术运用和战役指挥的海军将领，那么北洋舰队的命运和甲午战争的结局，则可能会大为改观。当然，历史是不能作假设的；但历史及其人物的悲剧，却值得后世的人们去深思和记取。当然，客观地来讲，在较短时间里组建成强大的海军舰队时，接受专业教育与训练的年轻海军军官们缺乏必要的战阵历练，而久经战火洗礼的陆军将领丁汝昌得以被选任为舰队最高指挥官，这在讲究论资排辈的中国也不难被理解。但令人遗憾的是，当时已经年过半百的丁汝昌并没有抓紧时间刻苦钻研海军技战术业务，努力使自己化身成为真正的海军内行，反而是在甲午战争中过于患得患失和缩手缩脚，一步一步地将这支庞大的近代化海军舰队"引领"到最后全军覆灭的悲剧终局，我们今天在很大程度上不能不说：这也是大清王朝历史的必然！

第九章

丧权辱国的结局

"控制海洋，特别是在与国家利益和贸易有关的主要交通线上控制海洋，是国家强盛和繁荣的纯物质性因素中的首要因素。"

"海权在广义上不但包括以武力控制海洋之海军，亦包括平时之商业与航运。"

"海权包括凭借海洋或通过海洋能够使一个民族成为伟大民族的一切东西。"

——美国海军学院院长阿尔弗雷德·塞耶·马汉

第一节　清军攻势仅存的局部战场

　　中日甲午战争自 1894 年 7 月 25 日在朝鲜丰岛海域打响之后，在海上和陆上两个战场，日本海陆军都是发动攻势的一方；中国海陆军则几乎始终处于防御和连连败退的被动局势。而中国军队唯一有过较长时间和连续攻势的局部战场，是在辽南地区的战略重镇海城。

　　原来，突破清军鸭绿江防线的日本第一军部队攻势凶猛，相继攻占中国境内的安东（今丹东）、九连城、凤凰城（今凤城）和岫岩等地，不料却在本溪南面的摩天岭一线遭遇到清军的顽强阻击。第一军司令官山县有朋大将提出的《征清三策》作战建议书又被日军大本营全盘否决。11 月 9 日，日军大本营命令第一军部队退至九连城一带，集结在叆河与大洋河之间进行冬季宿营休整，以待来年春季冰雪消融后进攻直隶平原。

　　山县有朋大将对自己的作战建议书被否决和日军大本营的新指

日第一军司令官山县有朋大将。甲午战后晋升为元帅，并先后出任内阁首相、参谋总长兼兵站总监和枢密院议长等职。他开创了日本军部干涉政治的先例，因亲手缔造日本近代陆军而享有"皇军之父"之称。

令十分不满。11月下旬，在获悉由花园口登陆的日第二军部队已攻占旅顺口军港的消息后，山县有朋更加坐卧不安，他竟然不待日军大本营的同意，于12月1日命令第一军第三师团进攻海城。12月13日，第三师团终于攻占海城。日军大本营面对突发的战情变化，不得不紧急命令日第二军出兵进攻海城南面的盖平（今盖州），以资与海城方向的日第一军部队相策应（1895年1月10日，乃木希典少将率领第二军第一旅团，经过苦战得以攻占盖平）。而擅自违令用兵的第一军司令官山县有朋大将则被日军大本营免除职务（由第五师团野津道贯陆军中将继任），召回国内"养病"。卸职回国之际，未能尽兴"斗志"的山县有朋大将赋诗一首，以泄心头的遗憾和愤懑之情："马革裹尸原所期，出师未半岂空归，如何天子召还急，临别阵头泪满衣"。

位于鞍山和盖平（今盖州）之间的海城，有"辽沈之门户，海疆之咽喉"之称，是辽南地区的战略重镇。据此交通要冲之地，可北控辽阳和奉天（今沈阳），西通牛庄和营口。海城失守后，大清王朝的祖宗陵寝之地受到威胁，清政府紧急调集军队，在海城之北、西、南三个方向以170余个营共计8万重兵，对占领海城的日第一军第三师团形成包围之势。为挽回辽东战场的不利局势，解除日军对大清皇室祖宗陵寝之地的威胁，清军决心不惜任何代价坚决收复海城。

此时集结在海城地区的清军部队计有黑龙江将军依克唐阿部33个营和吉林将军长顺部26个营，共计59个营约2万余人。1895年1月17日，清军发动第一次反攻海城的作战行动，以长虎台为中心，1万余人的兵力分左、右两翼，以连绵15公里的弓状攻击阵形，从东北至西北围攻海城。据守海城的日军部队则以海城北面的欢喜山作为中央阵地，列大炮于山顶以抵抗清军的进攻。上午8时，清军进至海城东北的双龙山，日军以猛烈炮火予以轰击，并出动3个步兵大队实施反冲锋。战至17时，双方各自收兵，清军首次反攻海城失败。

1月22日，吉林将军长顺和黑龙江将军依克唐阿指挥所部清军分别从西北和东北方向，对海城发起第二次反攻作战行动。自9时激战相持到14时，日军部队发动反冲锋。依克唐阿部伤亡较大，被迫向西北方向撤退；长顺部在日军猛烈炮火轰击下，不得前进，亦退出战斗。清军第二次反攻海城失败。

在1月中、下旬清军两次反攻海城的作战行动失败后，日军于1月底全力进攻山东半岛的威海卫军港。2月初，中日两国政府代表在日本广岛进行议和谈判。为牵制日军部队在山东半岛的进攻行动，并为和谈创造有利条件，清军决定实施第三次反攻海城的作战行动。

2月16日，清军90余个营共3万多人的部队，分三路向海城发动进攻：吉林将军长顺指挥所部4000余人从左翼进攻双龙山日军防御阵地；右翼由正定镇总兵徐邦道率所部3000余人在城西柳公屯扎营，另在城西南八里河子附近的高地设置炮兵阵地，牵制城西日军以阻其增援别处；中路由黑龙江将军依克唐阿率所部 12000 余人分别进攻欢喜山、东北二台子和斋藤堡子日军防御阵地，并以骑兵策应左、右友邻部队。这样左、中、右三支清军从海城东北至西南，在长约 10 余公里的战线上，对海城形成弧形包围阵势。是日上午 9 时，左翼清军发起攻击，遭日军猛烈炮火阻击，于 14 时败退；中路清军的攻击行动，也在日军优势炮火下败退。17 时，清军第三次反攻海城失败。战后，清军在海城数公里之外驻扎，继续构成对海城的包围态势，准备再作反攻。

辽东清军先后以重兵向被日军占据的战略要地海城发起五次反攻行动。

三次反攻海城先后失败后，为确保实现"力保沈阳以顾东省之根本"的战役目的，清政府进一步增调兵力，决心再次反攻海城。湖南巡抚吴大澂和帮办北洋军务的四川提督宋庆，分别奉命率所部清军北出山海关，驰赴辽南战场。至2月下旬，集结在奉天（今辽宁）境内的清军总兵力达362个营又4哨（其中除步队之外，另有骑兵70营、炮兵12哨）。

2月21日晨，清军动用100多个营6万余人的优势兵力，分三路对海城发起第四次反攻：吉林将军长顺率所部从东路发动进攻；黑龙江将军依克唐阿率所部从中路发动进攻；湖南巡抚吴大澂率所部湘军会同正定镇总兵徐邦道所部从西路发动进攻；同时四川提督宋庆率所部50个营近2万人进攻盖平北面的大平山以作策应，并为日后收复盖平作准备。反攻海城的东路和中路清军因前几次反攻行动连续受挫而士气不高，作战不力；西路清军虽经苦战，亦进展不大。14时，三路清军分别后撤，第四次反攻海城的行动宣告失败。

2月25日，清廷再次下达克复海城的谕令。27日，在漫天的雪花和过膝的积雪中，清军重兵再次分三路对海城实施第五次反攻行动，据守海城的日军第三师团则分路出击。几天的交战甚为激烈，后路补给即将断绝的清军于3月3日再次败退，第五次反攻海城的行动终告失败。而日军部队则乘势发起追击，夺取鞍山站（今鞍山西南）。

清军这五次反攻海城的作战行动，其持续时间之长、动员兵力之多、涉及地区之广、战斗规模之大，均是甲午战争中绝无仅有的。日军第三师团据守海城的兵力仅约6000人，而清军最后两次反攻的兵力则超过6万，但最终亦未能实现收复海城的战役目的。清军将领之无能和清军部队作战之乏力，不辩自明矣。

第二节　李鸿章忍辱喋血春帆楼

甲午战争进行到 1895 年 2 月上旬时，日本军队在中国境内各个战场的攻势都取得较大进展，威海卫军港内的北洋舰队余部已气数殆尽，日本军队在军事上已完全掌握了战场主动权。

1895 年 2 月 12 日，中国政府全权议和代表张荫桓和邵友濂等一行被日本政府从长崎驱逐回国。同一天，在丁汝昌等北洋舰队高级将领自杀后的威海卫军港，威海卫水陆营务处提调牛昶炳等人向日本联合舰队发出乞降书。还是在这一天，北京紫禁城内的慈禧太后再次召见军机大臣议事，决定按日本政府的暗示，派李鸿章为全权大臣赴日乞和。次日，清廷正式发布谕旨，任命李鸿章"作为头等全权大臣，与日本商定和约"。

此时身在天津北洋大臣衙署内的李鸿章已是 73 岁的高龄，在那个时代早已经是一位气神皆虚的垂暮老翁，开战以来夜以继日地筹谋更使他心力交瘁。李鸿章在甲午战争期间多次受到处分：先是年逾七旬的中国政府头等全权议和大臣李鸿章，在日本马关谈判期间付出了血的代价，最后被迫与日方签订丧权辱国的《马关条约》。

在平壤失守后，清廷指责李鸿章"总统师干，统筹全局，是其专责，乃未见迅赴戎机，以致日久无功"，于是"拔去三眼花翎，褫去黄马褂，以示薄惩"；旅顺口军港失守后，清廷再次降旨说："该大臣调度乖方，救援不力，深堪痛恨。著革职留任，并摘去顶戴，以示薄惩，而观后效"。可以说，此时身兼军事和政治重任的李鸿章，他的处境更是远远恶劣于北洋舰队提督丁汝昌。

但无论如何，大清王朝总不能派一个背着重重处分的大臣去日本谈判。于是在 2 月 13 日，身在天津的李鸿章收到了军机处用电报发来的上谕："李鸿章勋绩久著，熟悉中外交涉，为外洋各国所共倾服。今日本来文，隐有所指。朝廷深维至计，此时全权之任，亦更无出该大臣之右者。李鸿章著赏还翎顶，开复革留处分，并赏还黄马褂，作为头等全权大臣，与日本商定和约。直隶总督兼北洋大臣著王文韶署理，李鸿章著星速来京请训，切勿刻延。一切筹办事宜，均于召对时详细面陈。该大臣念时势阽危，既受逾格之恩，宜尽匪躬之义，谅不至别存顾虑，稍涉迟回也"。按今天的话来讲，朝廷在这里先是大大表扬了一番老臣李鸿章，又宣布取消他身负的一切处分而"官复原职"；并希望李鸿章看在时局危恶和朝廷久恩的分上，顾全社稷大局而不要计较个人的荣辱得失，轻装上阵去日本谈判。这真是好一番"高明"的政治运作！

此时的李鸿章毕竟早已久历晚清的官场，当然深知自己眼下正处于自身政治生涯的一大紧要关口。日本政府指名要他去日本进行谈判，并要赋予赔偿军费、确认朝鲜脱离中国及割让领土的全权。将这些内容列为接受进行和谈的前提，无论谁去签约，在中国国内必受千古唾骂，而被后世指为汉奸和卖国贼。而李鸿章肯定也清楚自己此时要想拒绝承担此项和谈的使命，根本就是绝无可能。

2月22日，李鸿章从天津应召抵京，并于当天进入紫禁城内的乾清宫陛见光绪皇帝。此时的乾清宫一片肃然，光绪皇帝默然而坐，军机大臣们跪于左边，前来请训的李鸿章跪在右边。李鸿章首先声明："割地之说，不敢担承；假如占地索银，亦殊难措，户部（相当于财政部）恐无此款。"

光绪皇帝的老师翁同龢（军机大臣兼总理各国事务衙门大臣）表示：只要不割让土地，即使多赔款，亦当努力筹措。另两位军机大臣孙毓汶和徐用仪急忙表示：不答应割让土地是不能使日本同意签订和约的，而国家已无继续进行战争的力量。对于此刻仍在唱着高调的翁同龢，内心郁闷的李鸿章在光绪皇帝面前狠狠地将了他一军：要求派翁同龢与自己一同赴日议和。吓得变色的翁同龢急忙表示自己从未办理过外交事务，绝对不能"以生手办重事"。

李鸿章"很知道中国不割让给日本一块土地，就没有签订和约

　　中日两国代表在马关海边的春帆楼进行和谈。透窗远眺海湾内高昂炮口的日舰，李鸿章当时的心境只能是悲切无奈！

的可能"，但仍坚称："割地不可行"，议不成我就回来。此时，在场的臣子们其实都知道日本肯定要割占中国土地才肯签订和约，但他们都小心翼翼地尽量避免讨论"割地"这一极其敏感的话题，因为他们谁都怕为此而承担千古骂名。而高居于中国政治之幕后的慈禧太后也不糊涂，她以自己肝气发作而臂痛腹泻为借口，拒绝接见李鸿章及群臣，表示"一切遵上旨可也"，将这一烫手的"热山芋"扔给了光绪皇帝。在万般无奈之中，光绪皇帝只得授予李鸿章商让土地之权。

1895年3月14日，已是73岁高龄的直隶总督兼北洋大臣李鸿章携带着大清朝廷的全权敕书，率拥有33名随员及百余名仆从的中国议和使团，在天津港登上东渡的轮船，开始了赴日谈判的艰难历程。经过五昼夜的海上颠簸，李鸿章及其一行于19日早晨到达日本海滨城市马关（今山口县下关市）。

到达马关的第二天，李鸿章就在马关春帆楼上与日本政府的全权代表伊藤博文（首相）、陆奥宗光（外相）开始进行谈判。谈判桌上的态势是战场形势的缩影：日本代表摆出一副战胜者的姿态，以军事要挟和外交讹诈并施的手段，力图从中国攫取大量权益；中国代表则被安排坐在面冲大海的一侧，李鸿章等人抬头向窗外望去，港湾里洗刷一新的日本军舰正悬挂满旗高昂炮口。

在3月20日的第一次会晤中，李鸿章发表了长篇讲话。日本代表陆奥宗光后来在其回忆录《蹇蹇录》里记述了他的讲话。李鸿章主要讲了三个问题：第一，他称赞日本"近年来改革事业的成就"，"称颂伊藤首相的施政得宜，并叹息中国之改革尚未奏效，是由于自己才略不足"。第二，他断言中日战争使"中国侥幸得以从长夜之迷梦中觉醒，此实为日本促成中国发愤图强，帮助其将来之进步，可谓得益非常巨大"。第三，他主张中日同盟，称"中日两国为东亚两大帝国，日本有不弱于欧洲各国之学术知识，中国有天然不竭之富源，如两国将来能互相合作，则对抗欧洲列强亦非至难之事"。李鸿章的这番讲话，虽不乏外交辞令于其中，但主旨是晓以两国唇齿相依之大义，主张中日两国"应力维亚洲大局，永结和好"，无疑是真知灼见并语重心长。但此时气焰嚣张的日方代表，根本听不进任何忠告。

李鸿章在谈判中首先提出要求，在双方代表进行和谈期间，两国海陆军部队一律停止敌对战斗行动。而日方则提出以日军占领大沽口、天津、山海关三处地方，管辖天津至山海关铁路并向日军支付停战期间费用等一系列苛刻条件作为停战的前提。李鸿章认为日本方面"要挟过甚，碍难允行"。

3月24日，李鸿章被迫搁置停战之议，而向日方索取媾和条款。伊藤博文答复将在第二天面交。但就在从春帆楼返回寓所途中，李鸿章遭到日本"黑龙会"暴徒、浪人小山丰太郎的枪击，左颊中弹血流不止，立即晕倒。经救治因子弹嵌入颊骨而取之难保无虞，只得留下弹头缝合伤口。

享有"明治宪法之父"之称的首相伊藤博文，以其任内发动的甲午战争，使日本登上东亚头号强国的地位。1909年10月26日，他在中国哈尔滨火车站被朝鲜爱国义士安重根刺死。

一名和谈使臣被所在国人刺杀，确系一桩野蛮和丑恶之事。消息传开，世界舆论为之哗然。日本外相陆奥宗光也承认："我观察内外人心所向，认为如不乘此时机采取善后措施，即有发生不测之危机，亦难预料。内外形势，已至不许继续交战的时机。若李鸿章以负伤为借口，中途归国，对日本国民的行为痛加非难，巧诱欧美各国，要求它们再度居中周旋，至少不难博得欧洲二、三强国的同情。而在此时，如一度引出欧洲列强的干涉，我国对中国的要求亦将陷于不得不大为让步的地步。"

基于害怕因此引起西方列强干涉，日本天皇立即降旨表示要严惩凶犯，并派御医前往诊治。伊藤博文和陆奥宗光也亲赴李鸿章榻前慰问致歉，并作出让步，同意无条件休战。躺在病床上亲耳闻听日本作出停战让步的消息时，"绷带外面仅露一眼"的七旬老人李鸿章抑制不住地"露出十分高兴的神情"。

经过一番一言难尽的艰难谈判，日方于 4 月 10 日发出"最后通牒"，要求中国赔款 2 万万两白银，割占中国的辽东半岛、台湾、澎湖；并蛮横声称此条款"已让至尽头"，中国"但有允不允两句话而已"，并限于四天内答复。伤痕在颊的李鸿章忍辱负重，哀声乞怜；而日方代表却"乘胜贪横，悍然不顾"。李鸿章只得发电报给北京的总理各国事务衙门，称"鸿力竭计穷，恳速请旨定夺"。

4 月 14 日，光绪皇帝的谕旨由总理各国事务衙门电报传达给远在日本马关的李鸿章："如竟无可商改，即遵前旨与之定约"。17 日，李鸿章与伊藤博文在春帆楼上正式签订结束甲午战争的中日《马关条约》。

《马关条约》共有 11 款，其主要内容有：

1. 中国承认朝鲜"完全无缺之独立自主"；

2. 中国将辽东半岛、台湾全岛及其附属岛屿、澎湖列岛等割让给日本；

3. 中国向日本赔偿军费 2 亿两库平白银，分 8 次在 7 年内付清；

4. 中国开放沙市、重庆、苏州、杭州为商埠，日本派驻领事于各口，并可将日船驶入上述口岸；

5. 日本臣民可在中国通商品岸设厂生产，得免除一切杂税等。

《马关条约》中割让辽东半岛的条款，立即引起俄国、德国和法国的强烈不满。为维护各自在华利益，三国警告日本放弃割占辽东半岛，但日本以此又向中国索得 3000 万两所谓的"偿金"。

第三节 从始至终的"裸奔"

　　自迅捷的电报通信技术发明以后，密码电报一直就是各国军政机关普遍采用的重要通信方式。在 19 世纪 80 年代期间，晚清政府大力引进西方先进技术装备，在全国多个战略要地、尤其是环渤海湾的北洋防务战略要地直至朝鲜的广大地区，架设了总长达 3000多公里的电报线，使清朝军政当局在重点战略要地之间基本实现了从古代驿站传递方式到近代有线电报通信方式的大跨越。李鸿章坐镇的北洋海防统帅部与山东半岛威海卫军港、辽东半岛旅顺口军港之间，构建成一个较为高效迅捷的有线电报通信系统，为此还专门设立了一个北洋电报官局。

　　当时可供使用的有线电报，由清政府专门设立的电报总局及其下属各个电报分局从事电报收发的服务。普通的非涉密电报及其使用，类似于今天邮政局提供的普通电报服务。而涉密的电报，电报局只提供拍发及送达服务，其电报密码则由发、收双方各自掌握，以便保守电文内容的秘密。

在甲午战争之前几年，日方就对中国进行了大量卓有成效的情报工作。竭力攫取中国军政系统的电报密码，当然成为日军情报工作的重中之重。日军情报部门在甲午战争前夕就已经费尽心思巧妙破译并准确掌握中方电报密码的隐情，直到第二次世界大战结束之后，才逐渐被披露出来。

1894年初夏，朝鲜半岛内乱局势日趋紧张。6月5日，日本组建战时大本营，决心发动对华战争。6月22日，日本外相陆奥宗光向中国驻日本公使汪凤藻提交了一份篇幅很长的外交函件，并特意由陆奥宗光的秘书兼中文翻译中田敬义翻译成中文送达中国驻日公使馆，这份长篇外交文件故意提出很多令这位中国公使无法自行做主回答的棘手问题。果然如日方所料，汪凤藻在第二天就派人将这份外交函件的全文转换成密电码，通过日本的电报局向北京的总理各国事务衙门进行汇报和请示。日本军信课长佐藤爱麿轻易在第一时间就从电报局截获这份长篇密电，经过一番不算太难的破解，断定其内容就是昨天陆奥宗光外相致汪凤藻公使的那份外交函件。就这样，日方顺利破解了中方电报密码的编排规律。

而腐败透顶的清朝军政当局对此竟然毫无警觉，仍然继续使用这套电报密码来拍发各种机密文电。8月1日，中日双方同时宣战。愚蠢的清政府竟然还提前以密电方式向驻日本公使汪凤藻拍发了宣战文书；日方用先前破译的密码，与中方稍后公开发布的宣战文书进行密

日本伊藤博文内阁外相陆奥宗光。他在甲午战争中屡屡施展"狡狯"的外交手段，这一时期的日本外交也因此被称为"陆奥外交"。

码比照核对，结果竟然是完全一致！大喜过望的日军情报部门立即又使用这份密码，顺利逆译了清政府此前的多份机密军政文电。

然而特别愚蠢的是，中国军政当局对于电报密码这样高度重要的机密，依然持非常漠然的态度。从甲午战争开战直到战争结束的整个过程中，中国军政当局和海陆军各部队，乃至马关谈判期间的中国议和使团，都一直继续沿用着这套早已经被日方破译的电报密码，进行绝密文件的传送。从来就没有任何一个军政部门或任何一名军政官员，想到过或是提出过要适时和频繁更换电报密码这样一个本应属于机密通信常识范畴的问题！清朝军政当局的昏聩愚蠢和无知无识，由此可见一斑。在如此这般情形之下，中国军队想要保守重大军事行动的机密以保证己方部队在战争中的主动权，显然是绝无可能！

而日方在甲午战争期间则从始至终一直表现出他们的老到和狡猾。直到1895年2月初张荫桓和邵友濂率中国第二个议和使团抵达日本广岛进行和谈时，早已获得中国电报密码的日方仍然不动声色地继续迷惑中方。他们坚持中国议和使团必须交出电报密码才允许其保持与国内的电报往来，让中方认为自己使用的电报密码还是安全无虞的。直至李鸿章率中国第三个议和使团赴日本马关进行谈判时，清朝军政当局依旧继续延用着这份早已被日军破译的密码。这样一来，从甲午战争爆发前直至《马关条约》签订长达一年的时间里，日方通过这套破解的密码得以随时掌握中国军政当局的最新动向。而近乎于在战场上"裸奔"的中国军队在甲午战争中的失败以及中国议和使团最终在马关议和谈判中的被动，也就毫不奇怪了。

甲午战争结束后，日本政府论功行赏，授予破译中国电报密码有功的军信课长佐藤爱麿以"特赏"，奖励他三等勋章及年金（佐藤爱麿的儿子佐藤尚武，后来曾出任日本外务大臣）。

第四节　宝岛军民誓死抗争

《马关条约》的签订，使中国的领土和主权遭受到史无前例的大破坏，中华民族由此距离半殖民地的黑暗深渊是近在咫尺了。

《马关条约》割地赔款的具体内容一经公布，顿时在全国上下引起强烈反响。朝野内外各阶层人士悲愤交加，共同声讨日寇侵略罪行，抨击清廷的屈辱求和行为。而清朝统治集团中的很多成员，"莫不交章谏阻"，追究致败之由和误国之责，大多数人将挞伐的矛头对准代表中国政府在条约上签字画押的李鸿章，形成"国人皆曰可杀，万口一词"的声讨浪潮。统治集团的成员们既不敢正视腐朽至极的封建专制制度是战争失败之根源，又不敢抨击真正的罪魁祸首——封建王朝的最高统治者；他们对李鸿章的指责，虽因强烈义愤多于冷静分析而有失客观公允，但也反映出人们对战败乞和结局的愤慨和对国运垂危的深切关注。举子康有为组织此时在北京参加会考的的千名举子进行"公车上书"，要求拒和、迁都、练兵，与日本决一死战；并要求实行资产阶级性质的改革，以谋求使中国在此后走上一条能够独立富强的道路。

而《马关条约》将台湾及澎湖列岛割让给日本的噩耗传到宝岛后，台湾民众"若午夜暴闻轰雷，惊骇无人色，奔走相告，聚哭于市中，夜以继日，哭声达于四野"。1895年4月20日，台北市民自发鸣锣罢市，抗议清政府的卖国行径，宣布饷银不得运出，工厂不得停工，全岛税款全部收归抗战之用。台湾各界民众誓言"愿人人战死而失台，绝不愿拱手而让台"，决心与日本侵略军作殊死拼战。

台湾系中国第一大岛，南北长380公里，东西宽约20公里—150公里，面积达35760平方公里。台湾原本隶属于福建省，清廷在1885年中法战争后将其升格为行省。甲午战争爆发后，清廷命广东南澳镇总兵刘永福（原黑旗军首领）和福建水师提督杨岐珍率兵东渡海峡，驻守台湾加强防务。甲午战争结束时，清廷以台湾布政使唐景崧署理台湾巡抚（即代理省长），刘永福仍统率黑旗军8个营帮办台湾军务。是时台湾共有驻军33000余名：北部约13000余人；中部约12000余人；南部约8000人。而在《马关条约》签订前一个月，日军就出动1个混成支队侵占了澎湖列岛，并着手于进犯台湾的准备。

1895年5月2日，清政府正式批准《马关条约》，并向日本驻华公使作出保证："中国和约既定，断无嗾使台民自主之理"。5月下旬，清廷委派李鸿章之子李经方为商办割台事件特派全权委员，赴台湾与日本委任的"台湾总督"桦山资纪（原海军军令部长）办理相关割让事宜。他们未敢登上台湾陆地，即于6月2日在基隆港外的一艘日本军舰上，匆匆办理了台湾交割手续。

而早在办理台湾交割手续之前的5月下旬，清政府就发出电谕给署理台湾巡抚唐景崧："著即开缺来京陛见；其台省大小文武官员，并著饬令陆续内渡"，"交割台湾，限两月，余限二十日。百姓愿内渡者，听；两年内不内渡者作为日本人，改衣冠"。清政府的态度既已正式确定，台湾民众再也不抱任何幻想。台湾爱国士绅丘逢甲一方面号召"人自为战，家自为守"以御日军进占台湾；另一方面提出台湾独立的主张。

5月23日，台湾士绅们以全体居民名义，发布《台湾民主国独立宣言》。《宣言》指出："日本欺凌中国，要求割让我国土台湾。台民向朝廷几经请愿，终归无效。倭奴不日来攻，我已知悉。我若甘心屈从，则我之土地、我之家乡尽归夷狄所有。我若不甘屈从，但因我无防卫，故难以长期持续。我几经与列强谈判，都约以援助，并主张台民首先独立。故我台民与其为敌所驱使，不如决一死战。今会议决定，以台湾岛为民主国，一切国务均由公民所公选之官吏办理"。25日，台湾民主国宣告正式成立，国号"永清"，以蓝地黄虎图案为国旗；推选唐景崧为总统，以台湾巡抚衙门充作总统府；并在台北设立议院，制定了一部临时宪法草案。

5月下旬，日军侵台部队在军舰护卫下，分乘大批运输船由琉球中城湾启航，兵分两路扑向台湾。侵台日军的最高统帅部是"台湾总督府"，其兵力主要有由陆军中将北白川宫能久亲王指挥的近卫师团和由新晋海军少将东乡平八郎指挥的海军南方派遣舰队。28日，侵

毕业于德国陆军大学的陆军中将北白川宫能久亲王。他指挥日军近卫师团进占台湾，1895年11月因战伤身亡（一说感染疟疾暴毙），被追赠陆军大将。

　　日本占领军在台湾登陆，侵略者的铁蹄开始踏上宝岛美丽的土地。

台日军的船队驶抵台北海口，锚泊于基隆口外海面。次日，日军采用声东击西的战术，从基隆东面的荒僻之地三貂角澳底海湾登陆，开始踏上台湾的土地。清军官兵顽强抗击，终因寡不敌众，于6月3日弃失基隆。第二天，台湾民主国总统唐景崧携印从总统府后门逃往淡水，并在淡水电令丘逢甲等人火速组织援兵救援基隆；而他本人却于6日带着少数亲兵卫士，偷偷搭乘德国轮船逃回大陆。

　　唐景崧逃走后，台民人心惶惶，台北之溃兵四处抢劫，城中秩序大乱。6月6日夜，日军进攻台北城，于次日得手。14日，"台湾总督"桦山资纪率文武官员进入台北城，17日在台北城举行所谓的"台湾始政典礼"，正式设立"台湾总督府"。至此，台湾民主国宣告败亡，日本开始实施在台湾的殖民统治。

　　但坚贞不屈的台湾人民并没有就此停止反抗斗争。台湾绅民一致推举刘永福统率各路抗日义军，由此又揭开了台湾军民武装反抗

日本第一任"台湾总督"桦山资纪（原海军军令部长），开启了日本对台湾长达半个世纪的殖民统治时代。

日本割占台湾的斗争新篇章。

从8月初到9月下旬，台湾抗日义军与日本占领军进行了艰苦的斗争，誓死保卫台中地区。这一期间进行了尖笔山、苗栗、大甲溪、八卦山和彰化等地的争夺战，数千名抗日义军战士和台湾民众为保卫宝岛免遭日军占领而献出宝贵的生命。

9月16日，日军在台北华瀛书院组建"南进军司令部"，策划以4万兵力进攻台湾南部地区。10月8日，日军部队进逼嘉义城下。抗日义军巧布地雷阵后佯装败退，日军误入义军地雷阵，被炸死炸伤达700多人，义军大获全胜。次日，日军部队以加倍的疯狂行动攻占嘉义城。此后，日军调集近卫师团和第二师团的全部兵力，在海军南方派遣舰队配合下，全力合攻台南。

形势十分危急。而此时正在台南的抗日义军总指挥刘永福见大势已去，也开始动摇。但抗日义军的广大将士则毫不畏惧，誓死御

台湾抗日义军总指挥刘永福，早年曾是在中法战争中骁勇善战的"黑旗军"将领。

敌。连日军战后出版的《日清战争实记》一书也特别不忘大加称赞台湾抗日义军的炮兵勇士："其炮兵直至我兵突入阵地时尚不退走，炮手六名终死在炮侧，虽为敌人，其勇敢真值得赞叹，可称为中日战争以来未曾有的勇兵！"在曾文溪战场，义军将领徐骧身先士卒，高呼"大丈夫为国捐躯，死而无憾"，激励部下拼死抗敌，不幸中弹壮烈牺牲。10月19日，日军部队大举进攻台南府城的屏障安平炮台；义军总指挥刘永福在阵前亲自燃放大炮，轰毙日军数十人。战至傍晚时分，刘永福见大势已去，抛下阵地，带着若干亲近侍从，潜乘英国"多利士"号商船退回大陆。21日，日军部队进占台南府城。

至此，宝岛军民轰轰烈烈的反抗日军占领的大规模武装斗争行动宣告结束。台湾爱国军民的武装抗日斗争，也可以说是中日甲午战争的继续。在这场斗争中，抗日军民使日本侵略军付出了4800人死亡和27000人负伤的巨大代价。

第五节　历史检讨之四：
"伤心问东亚海权"

中日《马关条约》签订后，中国惨遭空前劫掠，国势进一步衰弱，辽阔而美丽的神州大地竟被帝国主义列强视为餐桌上的一道美味佳肴，争相吞噬。

英国伦敦的一家报纸评论道："中国为东方一团大物，势已动摇。今欧洲之人，虽田夫野老，无不以瓜分中国为言者。凡与中国交涉者，亦为之大变，中国被日本老拳横击，使其水陆之师一齐放倒，故各国乘此危弱，群向嗷噬。而中朝与人交涉之事，亦无能为力矣"。另一家德国报纸鼓吹说："自中日失和以后，我欧洲之人，皆欲瓜分中国，盖中国如俎上肉，人皆可得而嗷一脔也"。俄国《新闻报》则煽呼说：要紧紧抓住中国甲午战争失败的"大好时机"，"干净利落地解决中国问题，由欧洲有关的几个主要国家加以瓜分。"

甲午战争的失败，直接导致了帝国主义列强在19世纪末对中国张开无情的血盆大口，实行全方位的侵略。在经济上，列强拼命

最早刊登于 1898 年 7 月香港《辅仁文社社刊》上的《时局图》，生动描绘中国惨遭列强瓜分的惨状。图中用虎、熊、蛙、太阳、鹰分别代表英、俄、法、日、美帝国主义国家。1903 年 12 月，蔡元培再次将它刊登在《俄事警闻》创刊号上。

掠夺中国的廉价原料，剥削中国的廉价劳动力；极力向中国推销各种商品；以政治贷款、设立银行、开办工厂、开采矿产和修筑铁路等方式，向中国进行资本输入。在文化方面，则主要利用宗教作为重要手段，清洗中国民众的思想，刺探中国的政治、经济和军事情报。

特别严重的是，西方列强于19世纪末在中国强占"租借地"和划分"势力范围"，以此侵占中国大片土地。所谓强占"租借地"是指列强采用强行租借的办法，在中国各处占领土地；所谓划分"势力范围"，是指帝国主义侵略弱小国家，将被侵略国家内的某一地区划定为自己的"势力范围"，宣称该地区为特定区域，自己独享特殊权益，不准别国插手和干涉。这样一来，在19世纪末，帝国主义列强在华争夺势力范围，强租军港，构筑炮台，修建军事基地，控制了南起广州湾、北至旅大的众多沿海战略要地，并可将炮舰驶入渤海湾内和长江之内的多处重要港口，从而形成了一个中国门户洞开，藩篱尽失，京畿腹地处于列强炮口之下的严重危机局面。1900年，八国联军再次兵临北京，又迫成丧权辱国的《辛丑条约》，强行索取4.5亿两白银（以年息4厘在39年分期支付，本息折合高达9.8亿多两），使中国彻底沦入半殖民地社会的黑暗深渊。

1911年秋，资产阶级领导的辛亥革命推翻了腐朽没落的大清王朝，彻底终结了中国数千年来的封建专制统治。1912年12月4日，孙中山先生任命的中华民国第一任海军总长兼海军总司令黄钟瑛将军病逝。面对当时中国所处的严峻外部形势，孙中山先生写下了这样一副情真意切的挽联："尽力民国最多，缔造艰难，回首思南都俦侣；屈指将才有几，老成凋谢，伤心问东亚海权！"

的确，恰如孙中山先生所发出的"伤心问东亚海权"的时代浩叹，中国在自鸦片战争后的百余年中，英、法、日、俄、美、德等帝国主义列强，从海上入侵84次之多，入侵舰艇达1860多艘次，

毕业于福州船政学堂的中华民国首任海军总长兼海军总司令黄钟瑛将军，系宋代大儒黄干的23代孙。早年随"济远"舰参加了甲午战争全过程。1911年武昌起义后，他在江西九江率临时舰队起义，投身推翻大清王朝的资产阶级革命行列。

入侵兵力约达47万人。中国无海权则国家无兴盛，甲午战争为之提供了最惨痛的历史教训。

那么，海权是什么呢？

在甲午战争前几年，美国海军学院院长艾尔弗雷德·塞耶·马汉连续出版了《制海权对1660—1783年历史的影响》和《制海权对美国革命和法兰西帝国1793—1812年历史的影响》两部伟大著作，以理性的思维总结出海权理论，从而震动了整个世界。马汉的理论，将控制海洋提高到国家兴衰的最高战略层面。马汉在卸去海军学院院长职务后，又先后出任美国历史学会会长和美国海军事务委员会主席。后来他进一步在1911年出版的《海军战略》一书中高度概括地总结指出："海权包括凭借海洋或通过海洋能够使一个民族成为伟大民族的一切东西"；"无论平时还是战时，对海权的运用便是海军战略"。美国全国图书馆协会主席罗伯特·唐斯教授

美国海军学院院长马汉将军，因推出"海权"理论体系而成为享誉全球的伟大战略理论家。甲午战争前后，马汉的海权理论风靡欧美及日本，而清朝统治者却不知马汉为何人，海权为何物。

在其所著的《影响世界历史的十六本书》一书中，将马汉的《海军战略》与马克思的《资本论》、达尔文的《物种起源》等著作一同并列，认为它对人类历史产生了重大影响。

在以海军制胜为显著特征的中日甲午战争中，交战之中日两国对海权的认识和利用的程度高低，用不以任何人的意志为转移的无情方式，从根本上决定了这场战争最终的胜负结局。

我们不应否认，在鸦片战争过程中领教到西方列强坚船利炮的厉害之后，中国清朝政府和无数有识之士在海军海防建设方面投入了庞大的力量，甚至建成在亚洲首屈一指的一支庞大海军舰队。但为什么中国建设和发展近代海军却换不来国家的兴旺发达，反而在反侵略战争中连连失败？一言以蔽之的答案是：因为中国建设和发展近代海军，从来就不是海权意识的产物！从来就没有与发展海权紧密联系在一起！

马克思和恩格斯曾指出："资产阶级，由于开拓了世界市场，使一切国家的生产和消费都成为世界性的了"，"过去那种地方的和民族的自给自足和闭关自守状态，被各民族的各方面互相往来和各方面的互相依赖所代替了"。当历史进入 19 世纪之后，世界已进入了这样一个时代：每个国家，尤其是沿海国家的政治、经济、军事和文化，都无可选择地开始与蓝色的海洋紧密联系在一起；国家的兴衰荣辱也无可选择地与海军紧密联系在一起。资本主义国家为贸易而向海外拓殖，为海外拓殖而拼命发展海军；海洋和海军实际上已升格成为西方各国资本主义发展的国家战略问题。

拥有漫长海岸线且处于封建专制统治之下的古老中国，就这样被迅猛发展的时代无情地裹挟进这个世界大潮。但是，中国建设和发展近代海军并没有真正认清这一不可抗拒的世界大潮，而始终局限于对西方列强炮舰政策的一种本能反应，仅仅是一种企图重新关上国门的较低层面的军事防御对策。因此，中国建设和发展海军的整个过程始终呈现着一种海患紧则海军兴、海患缓则海军弛的被动、消极和短视的现象。即便是在中法战争结束，光绪皇帝发出"惩前毖后，自以大治水师为主"的战略动员令时，清朝封建统治者也没有透彻洞悉世界发展趋势，改变和更新那种将汪洋大海仅仅当作天然屏障的陈腐落后的海洋观念，仍然顽固地将建设和发展海军作为重关国门之策。因此，在 1888 年北洋舰队组建成军之后，当清政府认为海军已经发展到"用之自守尚有余"的时候，便停止了海军的继续发展，甚至将有限的海军经费挪用于修缮皇家园林。这种低层面的思维方式，就使中国近代海军的发展陷入四大无法解脱的"短板"之中。

短板之一：中国发展近代海军缺乏资本主义政治之"本"。

19 世纪中叶时，历史无情地将"富国"和"强兵"的两大现实战略课题摆在晚清封建统治者的面前。中国"自强""求富"的近代化事业必须首先从"强兵"开始起步，因为没有足够强大的海军，就不可能对付来自海洋的前所未有的严峻挑战，国将不国，焉富之有？！但是，作为资本主义机器大工业的产物和先进科学技术的集中体现者，近代海军有其自身不可抗拒的建设和发展的客观规律。换言之，就是建设和发展近代海军，必须要具备一定的发展环境和基本条件，从根本上讲，就是需要资本主义的生产方式和经济结构；如果没有，就必须尽快去建立和创造之。

实际上，在大力建设和发展近代海军的强烈军事需求刺激下，"洋务运动"已逐渐引进大机器工业，采用新的科学技术，培养近代海军所必备的专门人才，使工业、科技、教育等领域都加快了近代化的前进步伐。重要的是，它促使中国明朝末期以来生长缓慢的资本主义萌芽得到较快的发展，逐渐开始形成中国最初的官僚资产阶级和民族资产阶级，造成了生产关系的部分改变。这实际上已成为新的经济结构的先导，实际上在为"富国"开辟道路，而这也恰恰正是使中国迈向"富国强兵"的唯一通途。

但是腐朽的封建王朝并没能抓住时机，进而顺其自然、因势利导，使"富国"和"强兵"有机结合起来并互促相长，其根本原因就在于封建王朝在政治上的腐朽和落伍。当不改变生产关系已不能满足生产力发展之需要时，清王朝宁愿限制生产力的发展也绝不准许其越出封建生产关系雷池之一步。它没有彻底消除重农抑商的传统观念，而是竭力维护封建主义的经济基础；没有大力加强资本主义商品经济的发展，没有心甘情愿地开展对外贸易，更没有积极促成经济结构的优化转型与经济增长方式的根本改变。在这种情形下，中国虽一度"强兵"在先，但听任"富国"滞后，终不能达到真正的"强兵"。于是，中国海军衰败，海上藩篱尽失，国家日益沉沦；

晚清封建统治者在政治上的昏聩保守和冥顽不化，必然使中国"自强""求富"的整个近代化事业终成泡影。

短板之二：中国发展近代海军缺乏资本主义经济之"源"。

当时的中国仍然处于自给自足的自然经济时代，从18世纪到鸦片战争的百年间，清政府的年财政收入大致徘徊在不足4000万两白银的水平上，其中仅田赋一项就占到75%—80%之高。百年经济发展的停滞实际上已等于负增长，加之鸦片贸易造成了巨额逆差，使清政府长期处于财政拮据、入不敷出的窘境。因此在鸦片战争期间，钦差大臣林则徐等人进行的海防振兴事业，极少得到清政府在经费上的支持，全靠自行筹集款项。其来源一是历年洋商捐资的留成；二是动员商人临时捐资；三是向广东省大小官员和民间摊派。林则徐当时深感"筹措经费，实为首务"。其实，他当时的举措仅是很小规模的，但已感到经费上的头痛了。

及至李鸿章具体主持海军建设的年代，矛盾就更尖锐了。此时，西方列强在资本主义工业革命完成之后，蒸汽机被普遍采用，海军装备朝着大型铁甲舰方向发展，其经费也与日俱增。1861年，中国购买"阿思本舰队"只需花费白银150万两；而二十年后仅购买一艘7300吨级的铁甲舰，其费用就高达182.4万两。清政府向德国订造"定远""镇远"和"济远"3舰共需银400万两。这笔经费就是临时多方筹措的。由于经费有限，清政府才不得不集中力量先行发展北洋海军。也正是由于经费的限制，北洋海军的正常后续发展受到严重的束缚，其应有的战斗力被打了大大的折扣。由此可见，一个没有资本原始积累的国家，一个没有资本主义经济运行机制的封建落后国家，是很难搞好海军建设和发展的。

短板之三：中国发展近代海军缺乏资本主义工业之"基"。

近代海军是资本主义大工业的产物，更是建立在先进的科学技术基础之上的。19世纪后半叶的中国，总体尚处于自给自足的农业自然经济状态。尽管洋务运动催生了近代中国最早的一批引进西方技术的工矿企业，但是对于建设和发展一支强大的海军而言，中国当时并不具备与之相匹配的强大工业与先进技术的支撑体系。北洋海军成军之后，缺乏充足的装备与后勤保障能力，临到甲午战争爆发时，甚至连充足的炮弹配备也无法得到满足。北洋海军在黄海海战之后驻泊旅顺口军港整修战伤军舰时，得不到必要的装备技术与维修保障，以至于连急需的技术工人都无法从数量上满足需求，从而严重影响到舰队战斗力的迅速恢复。犹如一幢百米高楼，只建于浅浅三尺地基之上，一旦强震来临，焉有不垮之理！一支强大的近代化海军，要想在弱肉强食的残酷时代里长久立于不败之地，没有同样强大的近代工业与技术体系相支撑，显然是无法实现的。

短板之四：中国发展近代海军缺乏积极进取的海军战略之"魂"。

近代海军是应资本主义开拓世界市场之需求而生长的，与之相适应的军事战略历来都是以进攻为主。而中国建设和发展近代海军的初衷则产生于对海上入侵的被动反应，所以中国近代海军尚在母腹中孕育之初，其建军之意单纯就是为了防御。这与近代海军自身的历史使命相矛盾。西方资本主义列强是为了海外贸易和向海外扩张的原始积累而积极建设和发展海军的，它们需要与进行全球贸易和开拓殖民地相适应的海军舰队，需要与之相适应的战略、战术和技术。所有资本主义的海上强国对海权的运用都集中在海军战略上，这是以世界海洋为舞台的海军战略，是为整个国家发展战略目标服务的海军战略。

而处在这一时代的清朝政府，在起步建设近代海军时却全然没有这样高瞻远瞩的国家发展战略，从来就未从国家需要控制和利用海洋的高度，去作建设和发展海军的通盘筹划。但说其完全没有国家战略意识也不确切，它毕竟是为了保持国家政治、经济上的闭关自守而建设和发展海军的，其政治、经济和军事之间也有密不可分的联系，只不过从来就没有从国家需要控制和利用海洋的高度，将三者通盘筹划而去建设和发展海军。这种低层次的国家战略，必然制约海军的军事战略，因为服务于闭关自守的国家政治目标时，海军只被用于守卫海防，保住陆地疆土，而不需要争夺海权，不需要具备远洋进攻的能力和信心，也不需要与之相适应的充满积极进取精神的战略战术。反观同一时代的日本，明治天皇在登基之初就发出"开拓万里之波涛，布国威于四方"的战略动员令，随即就大举创建一支奉行积极攻势战略的海军力量，充满了敢于争胜远洋的雄心壮志。

作为中国近代海军海防事业的主要经办人，李鸿章的海军海防思想也没有能打上海权的印记，并在甲午战争中造成中国海军北洋舰队的保守战略。早就1872年，李鸿章就说："我之造船本无驰骋域外之意，不过以守疆土、保和局而已"。李鸿章对国防的基本主张是陆主海从，指出："敌从海道内犯，自须亟练水师。惟各国皆系岛国，以水为家，船炮精练已久，非中国水师所能骤及。中土陆多于水，仍以陆军为立国根基"。1879年，李鸿章在《筹议购船选将折》中说："况南北洋滨海数千里，口岸丛杂，势不能处处设防，非购置铁甲等船，练成数军决胜海上，不足臻以战为守之妙。中国即不为穷兵海外之计，但期战守可恃，藩篱可固"。

纵观李鸿章二十年的海军海防思想，不难发现其具有的三个基本点：第一，"陆主海从"的海口防御和近海防御；第二，不穷兵于海外的"建威销萌"；第三，强调海口要塞的防御作用。显然，李鸿章海军海防思想中亟缺的，是以舰队决战的方式争夺制海权。正由于这种不是真正积极的海军海防思想，决定了北洋舰队在甲午

邓世昌及其指挥的"致远"舰，在甲午战争
中成为大清王朝消极防御战略的悲惨殉葬者。

战争中始终处于消极防御的被动状态。在甲午战争中，李鸿章虽不允许北洋舰队株守军港而"避战保船"，而是主张北洋舰队实行"保船制敌"的战略方针，但他对北洋舰队的作战指导思想并不是真正积极的。这主要是由于他缺乏"舰队决战"的明确思想。李鸿章在甲午战争中对北洋舰队的作战指导原则是：第一，保全军舰；第二，寻找战机袭击日军运兵船队；第三，保护己方海上运输线的安全。这里，保全军舰仅用于保护己方的海上运兵线，这就必然使北洋舰队本应具有的战略使用价值被大打折扣，使这支颇具规模的海上机动攻击力量充当运输护航队，最多也只能充当针对敌方运输船的突击队，而不能给敌方海军作战兵力以致命打击，从而也就难以使北洋舰队在战争中获得彻底的胜利。以随军记者身份参加甲午战争的川崎三郎在战后所著的《日清战争》一书中指出："海军政略之要，在于占有制海权。而占有制海权，则在于能否采取攻势运动。清国舰队在作战伊始，就未能采取攻势运动，而采取绝对的守势运动，此乃清国之失算"。此言可谓切中北洋海军以消极防御招致最终败局的要害。

海军是在海洋上遂行战略使命的军种，其最强大的生命力就来源于积极进取的海上军事战略。作为一个军种，海军就是"海洋上的野战军"，海军最大的特色和本质就是进攻；即使是在防御作战当中，也应该寻求或创造一切可能的战机，去大胆实施积极的攻势作战行动。关于海军的地位及其在战争中的运用，在第二次世界大战中威名远扬的美国海军五星上将尼米兹曾有一句名言："如果没有海军，战争将在我国国土上进行。战争像比赛一样，最好是打到对方的半场去"。尼米兹上将在这里所倡导的，当然是任何一国的海军努力追求达成的最佳状态和最高境界。而任何一支奉行消极防御战略的海军，在战争中必然是只能落得被动挨打甚至彻底覆败的结局。中法战争中的福建水师与甲午战争中的北洋海军，都没能幸免于此条"铁律"之外。

在甲午战争中缺乏以争夺制海权为核心的正确战略指导，终于造成中国的失败结局。而中国要在甲午战争中取胜，除了很好地组织海陆军实施协同作战之外，海军必须采取主动而大胆的海上攻击行动，这就要求北洋舰队随时做好与日方海军主力进行海上决战的思想准备与物质准备，而绝非时时谨防或惧怕与日方舰队进行实际上难以避免的海上决战。与李鸿章的海军作战指导思想完全相反的是，日军大本营非常明确地将通过海上决战而歼灭北洋舰队列为日本海军的首要作战任务（以此作为其输送陆军主力进入渤海湾登陆进而实施直隶平原决战的必备条件）。日军大本营的这一作战指导思想是积极可取的,这也正是李鸿章和中国军政当局所亟缺的一条。仅此一点,就充分显露出中日两国在海军战略暨海权运用方面的明显高下之差,其在战场上的后果则是致命和必然的。

中国建设和发展近代海军的起步并不迟于日本,中国当时完全具有与日本同等的在亚洲崛起的历史机遇。可惜的是,中国封建统治者没有海权意识,没有为争夺海权而发展海军的意识,而是企图将一个产生于资本主义并服务于资本主义的新军种纳入封建主义的陈腐轨道,企图用代表和体现着资本主义先进生产力的坚船利炮,去维护和挽救濒临死亡的封建主义生产关系。不论 19 世纪下半叶中日两国执政者对海权的重大战略价值是否有共同的认知,但他们在海军战略方面的实践,已最终充分证实和检验出海权的重大作用。从这个意义上说,正是海权这一把无情的时代利剑,决定了近代中日两国不同的命运;而依凭海军制胜的甲午战争,也正是历史对中日两国的客观评判。甲午战争在军事战略方面给我们提供的重要历史借鉴意义,也在于此。

中国发展近代海军缺乏资本主义的政治之"本"、经济之"源"、工业之"基"和积极进取的海军战略之"魂",并不是说晚清政府根本就无法解决这四大问题,更不是说晚清政府发展近代海军就是徒劳之举。其实,只要晚清政府能真正认清当时世界发展的时代潮流而勇于顺势而为大胆除旧革新,也能够解决好上述四个问题并完全可能在时代竞争中操得胜券。反观与我们相邻的岛国日本,它与中国拥有近似的国情,面临同样外来的坚船利炮威胁,但是日本明治政府则是真正认清了当时世界发展的时代大潮,以自上而下的积极主动方式,明确而坚决地实行了一系列具有资本主义性质的大刀阔斧改革,经过持续不懈卧薪尝胆般的艰苦努力,取得显著的成效,很好地解决了上述四大问题,终于得以在 19 世纪末弱肉强食的残酷竞争中彻底打垮了体量比自己大得多的中国。身处同一的时代和相邻的区位，具有近似的基本国情和面临同样的外来威胁，中日两国都致力于发展近代海军，但最终却是"同途殊归"的异样结局。对比之下，这一成一败的异样结局，只能暴露和证明冥顽不化的晚清政府是何其的腐朽无能！这样腐朽无能的政府，必然将遭到历史和人民的无情唾弃！

在上述四个方面之外，从纵向宽泛的历史文化角度上看，幅员辽阔的大清王朝，承袭的是建立在千百年来自给自足自然经济基础之上的黄色大陆农耕文明，广袤无垠的国土、相对温和的气候、成片连接的耕地和宽阔的地理纵深，长期安于中庸的儒家文化而墨守成规、故步自封的保守小农心态，使得整个民族逐渐丧失披荆斩棘开疆拓土的进取之志，以至于不能因应大的时代变迁而锐意弃旧革新，必然就难以在近代以来那么一种弱肉强食的凶险狂涛巨澜中守得自身的安宁。

而四周面临波涛汹涌的大海，地幅狭小且资源匮乏的岛国日本，自古以来长期居于较为恶劣的生存环境之中，一直盛行的则是带有强烈危机和忧患意识的蓝色海洋渔猎文化，使得这个民族逐渐形成好勇斗狠、敬强凌弱、非黑即白的偏执乖戾性格，穷凶极恶、铤而走险的海盗习性与孤注一掷、不计后果的疯狂赌徒心态。一旦获得有机可趁的外部条件或是遇上其所认定的特别"时机"，他们就非常容易开启那道对外侵略扩张的军国主义血火"闸门"，成为亚洲乃至整个国际社会不能不时刻保持高度警惕并严密防范的现实威胁与长远隐患。

前事不忘，后事之师。在国际竞争日趋多样化而激烈仍旧不减于往昔的今天，一百二十年前这场蔚蓝色的甲午历史悲剧及其教训，依然值得我们不断进行认真的总结与反思。

第六节　历史检讨之五：
甲午海战对世界海军发展的重要意义

甲午战争是一场陆海战场交替进行的近代化战争，尤其是以拥有独立的海上战场而为其显著特征。回顾这场战争，特别是其中至关重要的海上作战行动，我们不难发现甲午战争，尤其是其海上战场的作战行动，为整个世界近代海军及其装备的发展，提供了十分宝贵的实战借鉴。

自从西方资本主义兴起后，伴随着浩大的海外殖民浪潮，海权对于国家民族兴衰的作用越来越明显，海军日益发展成为实现并维持国家海权及国际地位必不可缺的首要力量。海军在国家发展战略中的这种无以替代的重要地位，直接促成了海军装备的急速发展和不断革命。在海上争胜的历史年代里，一次又一次的海上实战成为海军发展的一个又一个台阶。

就在清朝统治者对鸦片战争中英国远征军风帆战舰大为惊叹的时候，西方海军列强已在军舰动力蒸汽化领域取得不小的进展，并在舰炮的改进方面有所成就。1853年至1856年的克里米亚战争，作为风帆舰队最后一次大规模决战，宣告了风帆战舰时代的终结，从而成为近代海军装备发展史上的第一块里程碑。这次战争，首次将蒸汽战舰和装甲浮动炮台投入了实战，正式确立了蒸汽动力舰在

排列成单纵队的战列舰编队长期雄霸全球海上战场。

海军中的统治地位。此次战争中爆破弹对木质战舰的毁灭性攻击，导致了军舰朝着装甲化方向发展。1862年美国南北战争中的切萨皮克湾海战，则首次将装甲舰投入海战，甚至出现了双方对舰攻击的炮弹都不能击穿对方军舰装甲的情况，从而推动了炮弹与装甲之

间的竞赛。英国海军于1860年造出第一艘装甲舰，并迅速加以推广。1864年6月25日的英国《陆海军报》披露，当时英国海军编入现役作战序列的军舰中，有半数军舰已经实现了装甲化。在19世纪60年代，西方海军强国争相完成了帆力舰队向蒸汽动力舰队的发展过渡，并积极致力于舰炮攻击力和装甲防护力这对矛与盾的探索，使近代海军装备步入长足发展的新阶段。

到19世纪70年代，各海军强国的新式军舰已达到较高的水平。蒸汽不仅被用作舰艇的驱动力，还被用来操纵舵系统、锚泊系统、装填弹药、抽水及升降舰载小艇等。大型铁甲舰的排水量已达到8000至9000吨，其推进功率也达到6000至8000匹马力。舰炮也有较大的改进，后装线膛炮取代滑膛炮，射程远且命中精度高；装甲防护的旋转炮塔取代单一舷装炮的传统统治地位，不仅使炮位得到良好的防护，而且通过增大口径来增强舰炮的威力，并使火炮形成一定的射击扇面，使舰炮的攻击力得到成倍的提升。

随着蒸汽动力舰队的不断改进和日趋成熟，海军作战的战术思想也发生了质的变化。在帆舰时代，舰载火炮全部都配置在两舷的若干层甲板上，在海战中，交战双方的舰队分别排列成单纵队，双方平行行驶，用两舷的舷炮对射来决定胜负，从而形成了稳定的战列线战术，并由此产生了一个著名的舰种——战列舰。这种战术，被英国皇家海军以法律的形式固定下来，在海战中凡有违背此项战术而擅自行动者，将被送交军事法庭惩治。19世纪初，英国海军统帅纳尔逊海军上将开始探索新的海战战术。他在1805年的特拉法加海战中，用两个纵队横向拦截法国—西班牙联合舰队，以机动分割行动，打破单纵队战列线战术的教条，创造了著名的海战战例。1886年意大利和奥地利之间的利萨海战，奥军再次打破战列线战术的常规，以三列楔形队迎战意军的单纵队，以灵活多变的机动战术大获全胜。这是铁甲舰队间的第一次大规模交战。由于新式舰队不仅在排水量、防护能力、航速和操纵性能等方面，都比风帆舰队有了质的提高，而且旋转炮塔为舰队提供了灵活的火炮攻击力，使其在实施对舰攻击时，不必像帆力战舰的舷炮战那样，受制于舰位及其在海战机动中造成的舰位变化，使单舰攻击力有很大的提高，从而使作战舰艇编队完全整齐划一的行动变得不再那么重要。不过，战列线战术采用的单纵队队形，却依然是机动战术所采用的最常见和最为简便实用、有效的作战队形。

1894 年 9 月 17 日中日甲午战争的黄海大海战，则为各国海军提供了蒸汽装甲舰队采用机动战术获得胜利的战例。此次参战的中日两支海军舰队，实力相差不大，中方在舰艇吨位、装甲防护力、舰炮口径上略占优势；日方则在舰炮射速和军舰航速方面占据上风。北洋舰队在此战中，想打破一般的单纵队侧舷交战的常例，但在行进过程中变阵失败，走出了一个散漫的单横队，中间突出，两翼后掠，阵线涣散，弱舰缺乏保护，且又规定各舰始终要以舰首对敌，随旗舰运动，使全编队的战场机动原则被限制得十分死板。而日军舰队则根据其编队内舰只航速差异很大的特点，按航速分编出第一游击队和本队两个战术分队，对北洋舰队实施简捷、有效、灵活的穿插和分割包抄，显示出灵活运用单纵队机动战术的效果，从而形成了蒸汽舰队机动战术的基本要领：全舰队的舰艇酌情分编为若干支各由一定数量舰艇组成的战术编队即战术群，对敌方舰队实施穿插分割，分而围歼之。

甲午黄海海战后，"通过划分兵力把战术上的机动性和获得胜利的可能性结合起来的战术得到各国海军军官热心的研究"。"便于舰队运动的单纵阵式比横排阵式或梯形阵式更为优越。日本海军及时地把这种阵式列入了战训"。在 1905 年日俄战争中的对马海战中，日本海军联合舰队进一步申扬这种战术，再次成功运用两个战术群，对俄国海军舰队实施穿插和分割包抄，获得歼灭俄舰20万吨的总战果。海上战场的作战实践证明，根据实际情况，创造有效战术，对于获取海战的胜利，是十分重要的。

19世纪末服役的美国海军"印第安那"级战列舰，用大口径舰炮彰显着美国海军积极谋求全球海上霸权的意志。

第一次世界大战中，英国海军"索文瑞"号战列舰 381 毫米主炮在海战中发出怒吼，一展"日不落帝国"的最后余晖。

　　以往在论述黄海海战对后世海军发展的影响时，一些学者注意了速射炮的作用，无疑是正确的和必要的。但是，这场海战同时也显示出大口径主炮的重要性。日本海军为对付北洋舰队"定远"和"镇远"2 舰，特地在"松岛""岩岛""桥立"3 舰上配备了 320 毫米口径的主炮，但由于设计不成熟，每发射 1 发炮弹需要 5 分钟，在实战中的效果不佳。反之，"定远"和"镇远"2 舰的 12 英寸（305毫米）口径主炮，却表现出很强的杀伤力，只是因为配备的爆破弹太少，只能发射练习用的实心弹，才没有获得应有的战果。在此之后，直到 1910 年时，各国海军还是在军舰上更多地选装 12 英寸主炮。

　　黄海海战还充分验证了军舰装甲的重要作用。在海战中，日舰的密集炮火击沉了北洋舰队的 4 艘巡洋舰，"定远"和"镇远"

的机动性能。战后，各海军强国一方面努力提高铁甲舰的航速，另一方面也在军舰建造中划分出战列舰、快速装甲巡洋舰和轻型巡洋舰3个类别，希望以此充实和丰富海军舰队的整体作战能力。

前甲板上配备两座三联装406毫米主炮的美国海军"衣阿华"级战列舰，曾在第二次世界大战的海上战场屡建功勋。1945年9月2日，日本代表在停泊于东京湾的该级战列舰"密苏里"号上签署投降书，第二次世界大战以同盟国的彻底胜利而告终。经过现代化改装的该级战列舰参加了1991年海湾战争对伊拉克的攻击行动。1992年3月31日，随着该级战列舰的退役，曾经纵横海上疆场而名垂海军青史的这一舰种终于在大洋上彻底绝迹了。

舰的水线装甲及炮塔护甲上，也被击出蜂窝般的弹痕，但深度却没有超过4英寸以上者。铁甲舰的这种超强生存能力，刺激了一场大舰与巨炮的竞赛，从而形成了后来"大舰巨炮主义"主宰辽阔海洋世界的新时代。由于"定远"和"镇远"2舰装甲较厚，舰龄较老，航速较慢，而以日本"吉野"号快速巡洋舰为代表的高速军舰就显示出在海战中优越

由此可见，甲午战争的海上战场实践，为世界海军及其装备的发展提供了极其宝贵的第一手经验教训，从而进一步促成了19世纪末各国海军作战舰艇的等级划分规范，对于此后世界海军的发展具有不可或缺的重要借鉴意义。

附录

附录一

甲午战争大事记

1894 年春	朝鲜爆发东学道农民武装起义
1894 年 6 月初	中国应邀出兵朝鲜助剿
1894 年 6 月 5 日	日本政府组建战时大本营
1894 年 6 月 23 日	日本枢密院紧急会议决定发动对华战争
1894 年 7 月 17 日	日军大本营御前会议正式决定发动对华战争
1894 年 7 月 19 日	日本海军调集军舰组建联合舰队
1894 年 7 月 25 日	日本海军在朝鲜丰岛海域偷袭中国运兵船队
1894 年 7 月 29 日	日本陆军进攻驻守朝鲜成欢驿的清军
1894 年 8 月 1 日	中日两国政府正式宣战
1894 年 9 月 1 日	日本陆军组建第一军准备进攻平壤
1894 年 9 月 15 日	日军大本营由东京迁至广岛

1894 年 9 月 15 日	日本陆军向驻守平壤的清军发动猛烈进攻
1894 年 9 月 16 日	日本陆军攻占平壤
1894 年 9 月 17 日	中日海军主力舰队进行黄海海战
1894 年 9 月 21 日	日本陆军开始组建第二军
1894 年 10 月 3 日	日本陆军第二军正式编成
1894 年 10 月 18 日	北洋海军由旅顺口军港移驻威海卫军港
1894 年 10 月 24 日	日军开始在辽东半岛花园口实施登陆
1894 年 10 月 25 日	日军突破清军鸭绿江防线
1894 年 11 月 6 日	日军攻占金州城
1894 年 11 月 7 日	日军占领大连湾
1894 年 11 月 22 日	日军攻占旅顺口并开始进行大屠杀
1894 年 11 月 26 日	德国人德璀琳代表中国抵达日本求和
1894 年 12 月 13 日	日第一军攻占辽东半岛西北战略重镇海城
1895 年 1 月 17 日	清军第一次反攻海城
1895 年 1 月 20 日	日军开始在山东半岛荣成湾实施登陆
1895 年 1 月 22 日	清军第二次反攻海城

1895 年 1 月 25 日　　　日军开始向威海卫进犯

1895 年 1 月 30 日　　　日军攻陷威海卫南帮炮台

1895 年 1 月 31 日　　　张荫桓率中国议和使团抵达日本马关求和

1895 年 2 月 2 日　　　　日军占领威海卫城和北帮炮台

1895 年 2 月 10 日　　　北洋海军右翼总兵刘步蟾自杀

1895 年 2 月 12 日　　　北洋海军提督丁汝昌自杀

1895 年 2 月 14 日　　　刘公岛清军余部与日军签订《刘公岛条约》

1895 年 2 月 16 日　　　清军第三次反攻海城

1895 年 2 月 17 日　　　日本海军在刘公岛举行"捕获式"

1895 年 2 月 21 日　　　清军第四次反攻海城

1895 年 2 月 25 日　　　清军第五次反攻海城

1895 年 3 月 19 日　　　李鸿章率中国议和使团抵达日本马关

1895 年 4 月 17 日　　　中日两国签订《马关条约》

1895 年 5 月 29 日　　　日本军队在台湾基隆登陆

1895 年 6 月 17 日　　　日本在台北正式设立"台湾总督府"

1895 年 6 月 21 日　　　日军占领台南府城

附录二

近代海军
作战的阵法与战法述论

海军作战的阵法体系

海军作战的阵法，就是海军舰队或舰艇编队在海战中的战斗队形。海战的阵法，不是由哪一位天才人物随意制定的，而是从海战的长期实践中逐渐形成的规律性成果。各种阵法的名称及基本要素，即形状、间距、队列线（由基准舰指挥台所在点起始的联结队列中各舰指挥台所在点的线）、队列角（基准舰首尾线与队列线之间的夹角）、看齐角、队列长度、队列宽度以及航速等，均受制于军舰技术战术性能和海上作战的实际需要，特别是要受制于舰船的推进动力方式。

海军的发展，从舰船推进动力方式上，先后经历了桨船时代、帆船时代和蒸汽舰时代等，其阵法也相应经历了从简单到复杂的一个发展过程。19世纪中叶之后，以蒸汽动力推进方式为标志的近代海军形成了一套比较完备的阵法体系。

中国清朝政府自19世纪60年代起，开始学习西方，致大力于近代化的海军海防事业。随着从国外大量购进大批军舰，也学习引进了近代海军作战的阵法与战法等军事学术成果。1884年夏，天津水师学堂编译绘制出版了为"战阵所需"的《船阵图说》一书。该书分为上、下两册，依次详列有多达118种阵法变换的"说"和"图"，基本上汇集了近代海军作战训练的全部阵法。这部《船阵图说》不仅被充作当时海军学校的教科书，而且成为清末民初训练和作战中海军舰队或舰艇编队关于阵法的教范，相当于现在军队颁行的"教令"。

《船阵图说》初读起来，名称多种，变换浩繁，不易弄通；但细究之后，亦可掌握要领。综观《船阵图说》，其全部阵法可概分为鱼贯阵、雁行阵和斜列阵三大类。用现代海军军语来讲就容易理解了：鱼贯阵就是纵队；雁行阵就是横队；斜列阵就是梯队（梯次队形）。

在具体考察各种阵法之前，首先需要明确一条：舰队或舰艇编队在多数情况下是划分为小队的。根据不同的任务需要，各小队可分别由2舰、3舰或4舰等编成。在少数情况下，也有不划分为小队的。凡是由小队编成的舰队或舰艇编队，其所取阵法为何种类，决定于小队取何种阵法，因为小队是基本的战斗行动单位。

（一）鱼贯阵——纵队

鱼贯阵，分为单行鱼贯阵（单纵队）、双行鱼贯阵（二路纵队）、三行鱼贯阵（三路纵队）、四行鱼贯阵（四路纵队）等。单行鱼贯阵就是各小队和全队按照首舰的航向和航速鱼贯跟进，各舰之间的直距均保持为400码（1码=3英尺=0.9144米），即约为2链（1链=1/10海里=185.2米）。多行鱼贯阵就是各小队各自成单行鱼贯阵，全队以旗舰或基准舰所在的小队为基准齐头并列，以同一的航向和航速前进。例如以 3 舰编成小队，其各小队之间的横距保持为 1200 码，即约为 6 链（参见图一）。如果各小队之舰船不是依次并列，而是依次错落于相邻小队前后 2 舰的中间之一侧，则全队为夹缝鱼贯阵。例如以 6 舰划分为各由 3 舰编成的 2 个小队，列作夹缝鱼贯阵，其各小队之间的斜距均保持为 400 码，小队内各舰之间的直距均保持为 533 码，即约为 2.6 链（参见图二）。如果各小队取犄角阵法按序鱼贯跟进，则全队为犄角鱼贯阵。

（二）雁行阵——横队

雁行阵，分为一字雁行阵（一列横队）、双叠雁行阵（二列横队）、三叠雁行阵（三列横队）、四叠雁行阵（四列横队）等。一字雁行阵就是各小队和全队成单横队一线展开，全队以基准舰或旗舰为准，以同一的航向和航速齐头并进，各舰之间的横距均保持为 400 码。多叠雁行阵就是各小队各自排成一字雁行阵，基准小队居前，其余各小队依次重叠列于同其后，以同一的航向和航速前进。例如以 3 舰编成的小队，其各小队之间的直距均保持为 1200 码（参见图三）。如果各小队之各舰与前列小队之各舰不是依次重列，而是依次错列于前列小队相邻 2 舰之中间的后方跟进，则全队为夹缝雁行阵。例如以 6 舰划分为各由 3 舰编成的 2 个小队，列作夹缝雁行阵，其小队之间的斜距保持为 400 码，小队内各舰之间的横距均保持为 533 码（参见图四）。如果各小队取犄角阵法并列前进，则全队为犄角雁行阵。

（三）斜列阵——梯队

斜列阵的情况比较复杂，它主要分为犄角阵、鹰扬左（右）翼阵、鹰扬双翼阵、燕翦阵、麋角阵、鼎足阵、四维阵等。下面就逐一简述。

（1）犄角阵。这是一种由必须3舰编成的小队才能采用的阵法。它的具体排列是：1号舰（基准舰）居前；2号舰列于1号舰右后成45°角，与1号舰之间的斜距保持为400码；3号舰列于1号舰左后成78°角（于2号舰左后45°角），与1号舰之间的斜距保持为700码，即约为3.5链，均以同一的航向和航速前进（参见图五）。由3舰编成小队的若干小队各自取犄角阵，又可分别列作全队的犄角鱼贯阵、犄角雁行阵、犄角鹰扬阵、犄角燕翦阵等，此时各犄角阵小队之间的直距、横距或斜距均保持为1200码，以同一的航向和航速前进。

（2）鹰扬左（右）翼阵。即左（右）翼梯队。它的具体排列是：1号舰（基准舰）居前；其余各舰依次列于1号舰左（右）后方成45°角，相邻2舰之间的斜距均保持为400码，以同一的航向和航速前进（参见图六）。

（3）鹰扬双翼阵。即双梯队。它的排列与鹰扬左（右）翼阵相似，所不同的是它同时排出左、右双翼（参见图七）。

（4）燕翦阵。即人字队形，实际上也是一种双梯队。它的具体排列是：1号舰（基准舰）居前，其余各舰分别依次列于1号舰的左后和右后，各成45°角，相邻2舰之间的斜距均保持为400码，以同一的航向和航速前进（参见图八）。

（5）麋角阵。即反人字队形，实际上是前双梯队。它的具体排列与燕翦阵相似，所不同的是各舰之间相对位置的方向相反

（参见图九）。

（6）鼎足阵。即前三角队形，由3舰编成的小队采用。它的具体排列是：1号舰（基准舰）居前；其余2舰分别列于1号舰左后和右后，各成45°角，与1号舰之间的斜距均保持为400码，以同一的航向和航速前进（参见图十）。

（7）四维阵。即棱形队形，由4舰编成的小队采用。它的具体排列是：1号舰（基准舰）、2号舰和3号舰的位置关系与鼎足阵相同；4号舰列于2号舰左后45°线与3号舰右后45°线的相交点，与2号舰、3号舰之间的斜距均保持为400码，以同一的航向和航速前进（参见图十一）。

《船阵图说》所载的上述阵法，其种类虽多且变换繁杂，但"大率以鱼贯、雁行二端为纲领，其余各阵变复，胥得而隶焉"。只要先断明小队的阵法，便不难由此进一步判明全队的阵法了。

海军作战的战法演变

海军作战的战法，就是海军舰队或舰艇编队在海战中的战术。它反映着海战的特点和规律，是海军军事学术的一个重要组成部分。与海军作战的阵法一样，海军作战的战法也是受制于军舰技术战术性能和海战实际需要等一系列因素。

海军战术是指导和进行海战的方法。在古代欧洲，"战术"一词源于希腊语，意思就是"布阵的艺术"。在古代和近代的海军作战史上，舰队或舰艇编队在海战中采用的战法，与其所采用的阵法是密切相关的。从很大的意义上说，古代和近代海军作战的战法，也就是舰队或舰艇编队布阵和对阵的艺术。

早在公元前5世纪前后，在中国和欧洲等处就发生了最早的水（海）战。桨船时代的海军，在作战中使用的是装有船首冲角的木质桨船和各种冷兵器以及投掷器，通常都是先以战船列阵，用投掷器和弓弩等进行一定距离的对射，然后进行撞击战和接舷战。直到17世纪以前的风帆战船时代，即在军舰大量配备火炮之前，其战法并没有质的改变。在上述撞击战和接舷战的时代，海军作战所采用的阵法，基本上是单横队或多列横队（其两翼有时略突前）。

自14世纪中叶开始，滑膛炮逐渐配置于战船的两舷，其战法亦随之开始发生变化：即首先在一定距离（即有效射程）进行舷炮对射；如果不能解决战斗，再以撞击战或接舷战来进行决胜。到17世纪时，舷炮战战术成为海军作战的主要战法。

18世纪以后，随着风帆战船操纵性能的改善、战船排水量的增大和大口径火炮在战船上的普遍配置，海军作战的舷炮战战术逐渐发展成为比较稳定的战列线战术——在海战中，交战双方的舰队分别排列成单纵队，双方平行航行，用两舷的舷炮对射来决定胜负。这一战列线战术，还被英国皇家海军以法律的形式固定下来，在海战中凡有违背此项战术而擅自行动者，将被送交军事法庭惩治。在战列线的战术编队中出现的拥有80门以上火炮的大型军舰，则是后来著称于世的战列舰。这一舰种在海上作战中的重要地位一直持续到第二次世界大战，才被拥有空中攻击力的航空母舰所取代。

近代海军阵法示意图（11幅）

图一 六舰双行鱼贯阵

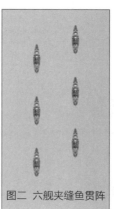

图二 六舰夹缝鱼贯阵

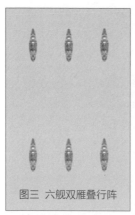

图三 六舰双雁叠行阵

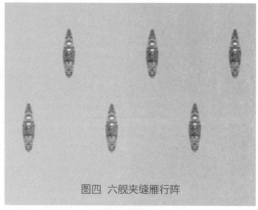

图四 六舰夹缝雁行阵

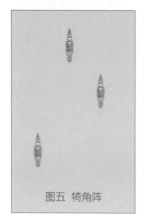

图五 犄角阵

图六 五舰鹰扬左翼阵

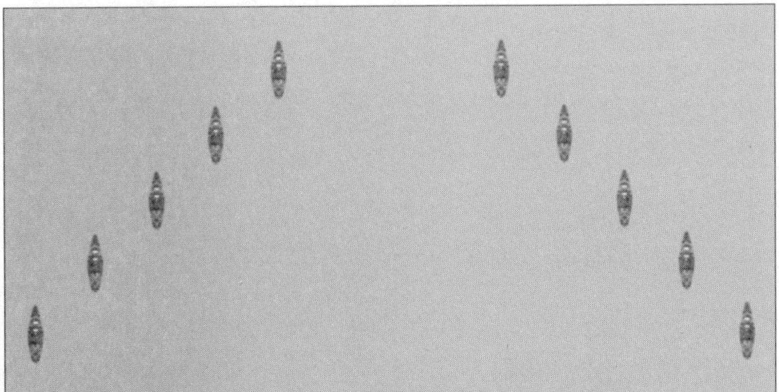

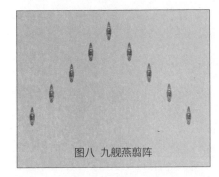

图七 十舰鹰扬双翼阵

图八 九舰燕翦阵

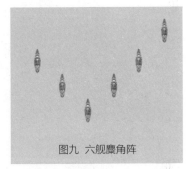

图九 六舰麋角阵

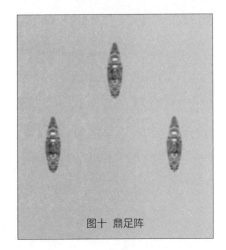

图十 鼎足阵

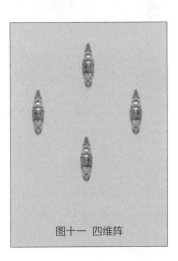

图十一 四维阵

1987年秋，笔者在烟台海上救助打捞局码头现场
勘验打捞出水的北洋海军"济远"舰炮弹。

后记

四十多年前在江城芜湖读小学的时候，学校组织师生集体观看电影《甲午风云》，同学们都对英雄邓世昌紧握舵轮"撞沉吉野"的壮烈场景念念不忘，我也由此开始对甲午战争历史有了最初兴趣。光阴荏苒，当农历甲午年再次来临之际，已经跨入五旬人生门槛的我，在北京写完《再见甲午》的时候，自然是思绪良多，感慨万千。

回顾自己与"甲午"结下的不解之缘，身为共和国现役军人，我在这里要向史学界和海军的诸位前辈行军礼致敬，因为他们最初引领并一直为我学习、研究甲午战争史和近代海军史提供了重要帮助。

我要衷心感谢母校北京师范大学历史系主任 龚书铎 教授，这位德高望重的近代史大师给我们精彩讲授"晚清政治史"和"中国近代文化史"等专业课程，并在那个至今仍不断给我美好感觉的校园里亲手指导我完成关于北洋海军历史的学位论文。我要衷心感谢辽宁大学历史系 孙克复 教授和关捷教授，他们早在三十年前就在北京向我传授甲午战争史研究的心得。我要衷心感谢山东社会科学院甲午战争研究中心主任 戚其章 研究员，这位著作等身的甲午战争史研究之擎旗大师三十年来多次在北京给予我诸多宝贵教诲，直到一年多之前我还与著名导演冯小宁专程前往济南，特别荣幸地恭请到年近九旬的大师共同为电影《一八九四·甲午大海战》担纲历史顾问。我要衷心感谢中国社会科学院《历史研究》杂志主编 张亦工 编审，二十多年前他为初出茅庐的我在《历史研究》《近代史研究》等顶级学术刊物上发表甲午战争史学术论文提供过有益指导。

我要衷心感谢威海的中国甲午战争博物馆馆长戚俊杰研究员，二十多年来我至少十几次赴威海及刘公岛进行战场实地考察调研和学术交流，他和他的同事们每次都热忱予以全程保障。我更要衷心感谢现已年逾九旬的海军司令部杨志本研究员，因为早在三十年前我尚在北师大历史系读书的时候，杨老就开始指导我学习海军知识，后来在1985年"百万大裁军"的浪潮中又特意费心安排我携笔从戎，并继续引领我徜徉于研究甲午战争史和近代海军史所必须涉足的海军军事学术之理论殿堂。

自己在20世纪后二十余年的那个良好学术时代，受到诸多前辈大师的悉心指导和亲力引领，已知天命的我直到今天仍倍觉温暖、庆幸并心存感激。但同时令我心有戚戚焉的是，当下的青年学子要想轻易再遇见往昔那种大师群体一致潜心问学并躬身引领后辈的景象，恐怕也只能是一种奢望了。但我仍然坚信的是，鉴于当前及未来相当一段时期内中国崛起所面临的复杂国际环境及其严峻挑战，甲午战争史的研究必将越来越受到社会各界的广泛关注。

任何历史总是无法脱离时间的过程；而历史研究也拥有其自身的渐进前行过程。一百多年来，国人对甲午战争历史的认识和解析，伴随着民族命运的兴衰跌宕，也走过了一段漫长而其中不乏曲折的道路。由于各种条件的限制或某一时期特定政治因素的影响，史学界对甲午战争及其相关历史人物的客观认知和主观评析，也经历了一个曲折迂回但最终仍是总趋向上的螺旋曲线式的过程。不同时期的历史研究者们各自经历不尽相同的艰难求索历程，给后人留下了不同的治学印记。在思想日趋解放的今天，如果说我们能够在甲午战争史研究方面取得一些可贵的进展，当然是离不开那些早期探索者们留下的各种研究成果、学术经验以及特殊年代的教训。站在前人的肩膀上，有助于我们能够看得更深更远。所以，我们今天也应该向百余年来甲午战争史研究领域的所有探索者们表示敬意！

本书随文配附的大量清晰历史图片，主要来自于海军史专家陈悦先生的珍藏；著名美术设计师夏鑫先生和黄学军先生为本书做了精美的装帧设计；人民出版社总编辑辛广伟先生给予热情指导，近代史专家乔还田副总编辑和本书责任编辑林敏女士对书稿进行了细致的审读校订。本书得以顺利付梓，也包含了他们为之倾注的心力，在此一并向他们表示衷心的感谢！

无情的自然规律注定我此生只能遇上 2014 这一个"甲午"年份。在书稿最终修订完成的时候，仍有意犹未尽之感，姑且就将自己在甲午之年回望甲午历史的内心感怀，浓缩成一首小诗吧：

狂涛怒海鱼鸟怖，
水师折戟九州哭，
同心韧力再致远，
来生何须悲甲午！

2014 年 3 月 7 日于京西莲花池畔

　　2013年11月12日傍晚，就在黄海北部海域大鹿岛上的邓世昌塑像前拍摄这幅照片时，接到了出版社最初的组稿电话。

修订后记

2013 年 11 月中旬，我应邀加入国防大学训练部某工作团队奔赴辽宁省实地考察甲午战争黄海海战和辽东半岛战役的诸处重要战迹地，在邓世昌等北洋海军英烈为国捐躯海域附近的黄海大鹿岛上驻留时，接到出版社最初的组稿电话。2014 年 4 月 23 日人民海军建军 65 周年纪念日当天，这本《再见甲午——蓝色视角下的中日战争》由人民出版社作为重点图书正式出版发行。

2014 年时值中日甲午战争 120 周年的"双甲子"，军队和地方多单位纷纷举办纪念活动和学术研讨会，一批相关影视作品和包括本书在内的学术论著密集问世，甲午战争一度成为社会关注的热点。国家文物局水下文化遗产保护中心（现国家文物局考古研究中心）也开始进行为期十年的"甲午沉舰"系列水下考古调查工程，我几度有幸受邀前往海上考古作业平台，亲眼目睹身穿黑色潜水服的考古勇士们在阴冷浑浊的黄海深处辛勤工作，并在中央电视台的海上现场直播报道中同步解析他们接连取得的丰硕考古成果。

光阴如梭，转瞬十年飞逝，甲午战争 130 周年已经到来。如今我已脱下军装退出现役，成为军休所里一名年逾花甲的老干部，而我因甲午结缘的一众良师益友，大都也开启了各自不尽相同的晚年生涯，令我时有难以言说的不胜唏嘘之感。但无论如何，人民出版社现在修订重印十年前的本书，使我欣慰当今社会没有忘记甲午战争这段决定近代中国发展命运的重要历史。

前事不忘后事之师。在当下的新时代，中华民族继续面临着日趋复杂的国际战略形势，并将不断迎接严峻的历史性考验。因此，从130年前的甲午战争中，真正做到认真反思并深刻汲取历史经验教训以避免重蹈历史覆辙，仍将继续长期具有重要的现实意义。

此次重印，对书稿进行了若干处必要的修订。感谢人民出版社责任编辑申琤女士为我提供的热忱高效协助。

2024 年 4 月 17 日于京西六里桥

责任编辑：林　敏　申　珺
封面设计：王春峥
版式设计：夏　鑫　黄学军

图书在版编目（CIP）数据

再见甲午：蓝色视角下的中日战争／许华 著 . —北京：人民出版社，
　2014.4（2024.4 重印）

ISBN 978－7－01－013359－1

I. ①再…　　II. ①许…　　III. ①中日甲午战争－研究　　IV. ① K256.307

中国版本图书馆 CIP 数据核字（2014）第 056544 号

再 见 甲 午

ZAIJIAN JIAWU

——蓝色视角下的中日战争

许 华 著

人民出版社 出版发行

（100706　北京市东城区隆福寺街 99 号）

环球东方（北京）印务有限公司印刷　新华书店经销

2014 年 4 月第 1 版　2024 年 4 月北京第 4 次印刷

开本：710 毫米 ×1000 毫米 1/16　印张：16.75

字数：180 千字

ISBN 978－7－01－013359－1　定价：69.00 元

邮购地址 100706　北京市东城区隆福寺街 99 号

人民东方图书销售中心　电话（010）65250042　65289539